やせスイッチを押せば驚くほど細くなる

―深部リンパ開放マッサージ―

夜久 ルミ子

西東社

なかなかやせない……

やせても理想のスタイルにならない……

マッサージや
着圧ソックスでは
脚のむくみが
全然取れない……

肌がカサカサ、
くすんでいる……

体のいろんな部分の
お肉がたるんでいる……

実はこれらの症状、
すべて老廃物がツマったまま
放置していたせいだった!

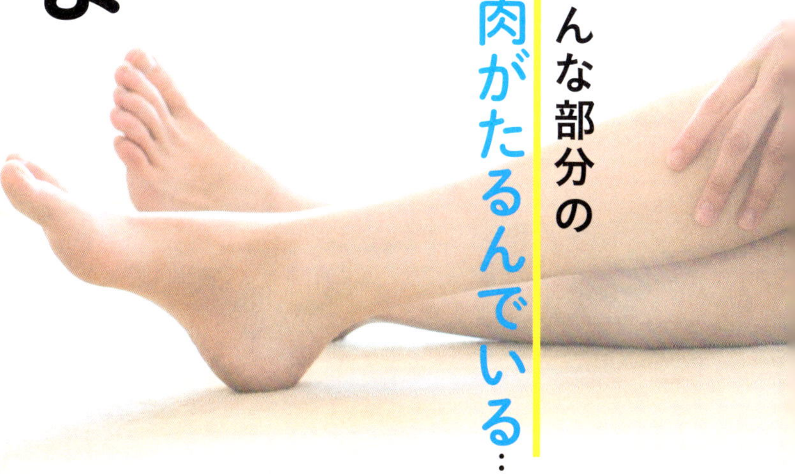

あなたの体から「キレイ」を奪う
ツマリ状態に要注意！

いつまでもキレイで健康でいたい、
と思ってはいるものの、
最近はお肌の調子があまりよくないし、
ちょっと食事制限しただけでは
やせなくなった、ということがありませんか？
実は、体の中に老廃物の「ツマリ」があると、
あなたの体の老化が加速し、
美容と健康にいい！　と思ってやっていたことが
マイナスになってしまうこともあるのです。

×運動すればやせる！

ツマっていると → 疲労するばかりで老廃物がますます溜まる

×食事制限すればやせる！

ツマっていると → 量だけ制限しても脂肪が
代謝できずにぜい肉になる

美肌のために
半身浴で汗をかく

ツマっていると

体内の循環が悪くなり
カサカサ肌になる

たくさん水を飲めば
キレイになれる

ツマっていると

余分な脂肪が排泄できず、
老廃物が残り続ける体になる

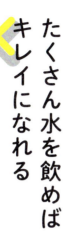

これらの原因となる
ツマリを取り除けば
あなたの体には一気に
変化が起こります。

そのために行うのが
深部のリンパ節を開放する
深部リンパ開放マッサージ
なのです！

深部リンパ節開放は一般的なリンパマッサージの10倍以上の効果！

むくみや冷え、コリなどは体内の老廃物が原因です。
私たちの体の中を流れるリンパ液は老廃物などを運ぶ役割がありますが、老廃物が増えたり、リンパ液の流れが悪くなったりすると**リンパ管がツマった状態になります。**そこで行いたいのが**リンパマッサージ。**肌を刺激してリンパ液の流れをよくすれば、余分な水分や老廃物を取り除くことができます。ただし、肌の上をやさしくさする一般的なリンパマッサージ（リンパドレナージュ）は、体の表面にあるリンパのみへのアプローチ。ここには6％のリンパ液しか流れません。
より効率的で効果的なのが、深部にあるリンパ節に働きかける**「深部リンパ節開放」。**全体の94％のリンパ液が流れる深部に働きかけることで、**普通のマッサージより10倍の効果**が期待できるのです。

深部リンパ節開放

一般的なリンパマッサージ

深部リンパの位置と働き

深部リンパは筋肉の中にあります。
筋肉を刺激し圧をかけると、深部のリンパ管が活性化し、
同時に、浅部と深部をつなぐ穿孔《せんこう》リンパ管が活性化します。
そして、皮膚の表面近くにある
浅部リンパ液が穿孔リンパ管を通って、
吸引する力の大きい深部リンパ管に流れ込みます。
深部には体内の94％のリンパ液が流れているため、
ここを活性化させることで、浅部の６％も含めた
ほぼ１００％のリンパ液にアプローチでき、
大量の老廃物が排出できるのです。

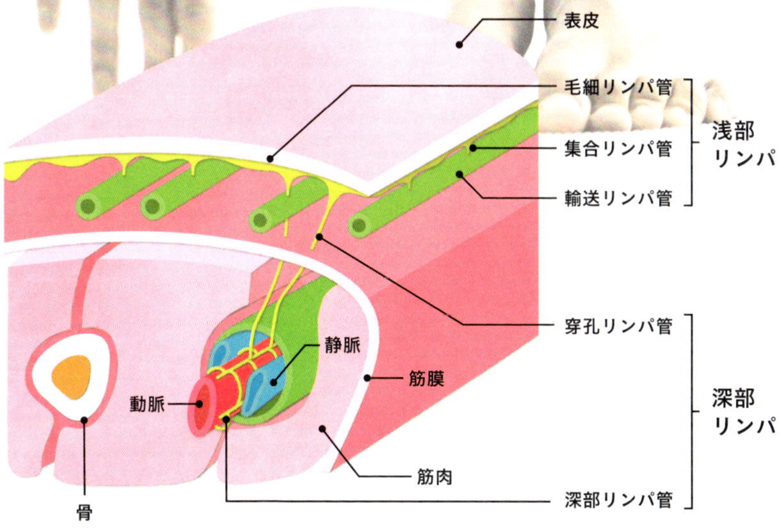

深部リンパ開放マッサージで
理想のボディを手に入れましょう

私は薬剤師・鍼灸マッサージ師・国際エステティシャン・アロマセラピストなど、美に関連した20種類以上の資格を生かして、お客様を内側と外側から総合的に美しくするための研究と、総合美のための施術を25年にわたって行ってきました。

そしてたどり着いた答えが「真の健康は、最高の美を作る」です。

東洋医学でも「気・血・水」が整うことで健康になると言われています。血は血液、水はリンパ液のことですが、この二つを整えると、自然に気力が湧いてくるのです。

「深部リンパ節開放」は、リンパ液のほかに、血液にもアプローチします。

しかも、**体の深部から老廃物を排泄して、体のすみずみまでキレイにします。**

ですから、**全身のむくみが取れ、ボディメイクが簡単に実現するのです。**

「自分史上最高の脚！　コンプレックスが消えた！」という人。

「〝お肌キレイですね！〟と見知らぬ人に声をかけられた」という人。

「この施術をしてから風邪を引いたことがありません」という人。
そんな声をお聞きして、「健康が美を作っていく」ということを実感しています。
長く施術をさせていただいていると、回を重ねるごとに、お客様が体だけでなく、
気持ちまで前向きに変わってくるのがわかります。
「心と体は繫がっている」ことを実感する日々です。
例えば、ベトベトの換気扇やエアコンを掃除することで、
部屋の空気まで変わってきてワクワクすることがありますよね。
深部リンパ節開放は、体の深部から老廃物を排出するので、
目に見えない体のベトベト汚れを掃除するような感覚です。
キレイな体になると、栄養や酸素を含んだ血液が体中を巡ります。
それだけではありません。血液は熱やホルモンも運んでくれるので、
冷え性や生理痛なども軽減します。
そんな「深部リンパ節開放」のメソッドを、
初めての人にもわかりやすく、簡単で続けやすい一冊にまとめました。
真の健康と最高の美をつくる2週間を、私と一緒に始めてみませんか。

夜久ルミ子

CONTENTS

PART 3

気になるポイントを狙い撃ちする！

やせたい部位の深部リンパ節開放

PART 4

やせるだけではない！ エイジングケアの効果

キレイをつくる深部リンパ節開放

PART 5
今すぐどうにかしたい！　というとき使える
応急処置の深部リンパ節開放

PART 6
深部リンパ節開放の効果がアップする！
ツマらない生活習慣

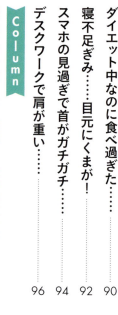

PART 1

リンパマッサージの
10倍以上の効果！

深部リンパ節開放が
すごいワケ

「深部リンパ節開放」という言葉を初めて聞いた人もいるのではないでしょうか。
体の深い部分にあるリンパ節に働きかけるマッサージ。
これまでのリンパマッサージとの違いや
そのしくみと効果を詳しく解説していきます。

深部リンパ節を開放すれば

体の奥からキレイになれる

ツマリを取るために大切なのがリンパをスムーズに流すこと。
深部リンパ開放マッサージは、
肌をさする一般的な「リンパマッサージ」と比べて、
老廃物の排出効果は10倍以上。さらにこんな効果があります。

深部リンパマッサージと一般的なマッサージ、どこが違う？

一般的なマッサージ

方法

肌の表面をさすることで**浅部リンパを活性化**させる

どうなる？

● 体の表面の浅部のリンパ液6%が流れる

↓

● つまり、体の表面に流れる**6%のリンパ液にのみアプローチ**

深部リンパマッサージ

方法

筋肉に圧をかけることで**深部リンパを活性化**させる

どうなる？

● 深部の94%のリンパ液に浅部の6%のリンパ液も吸引して排出できる

↓

● つまり、リンパ液の**ほぼ100%にアプローチ**でき、老廃物の排出効果が高い

深部リンパマッサージの
おもな効果

効果1 体に溜まっていた脂肪が落ちていく

体の老廃物が排出され、
脂肪など余分なものを溜めない体になる。

効果2 肌がうるおい、弾力やツヤが増す

老廃物がなくなって血流がよくなり女性ホルモン・
成長ホルモンが活性化。肌に栄養が補給され、肌ツヤアップ。

効果3 代謝が上がり自然とやせる体になる

ツマリがとれることで深い呼吸が可能になり、
エネルギー消費量が上がる。

効果4 生活習慣病が予防できる

ツマリがとれると血液がサラサラになって
免疫力が上がり、糖尿病や高血圧などの予防になる。

効果5 運動能力が上がる

老廃物がなくなると筋肉や関節の動きがよくなり、
体の可動域が広くなるので、運動能力がアップする。

深部リンパ開放マッサージで
どうして体がキレイになるの？

深部リンパ開放マッサージの効果の理由を説明します。
リンパのしくみから順に理解していきましょう。

リンパの役割って？

私たちの体は、心臓から動脈を通って体のすみずみまで血液を巡らせ、細胞へ酸素や栄養素を運びます。そして、酸素や栄養素を使って脂肪を燃やしたり、傷を治したり、疲労回復させたりします。細胞は仕事を終えると、老廃物や二酸化炭素などを細胞の間にある組織液に放出します。それを毛細血管が回収して静脈から心臓に戻ります。**静脈で回収できない大きな老廃物や栄養素を回収するのが静脈と伴走するリンパ管**です。リンパ管にはリンパ液が流れ、栄養や老廃物が流れています。

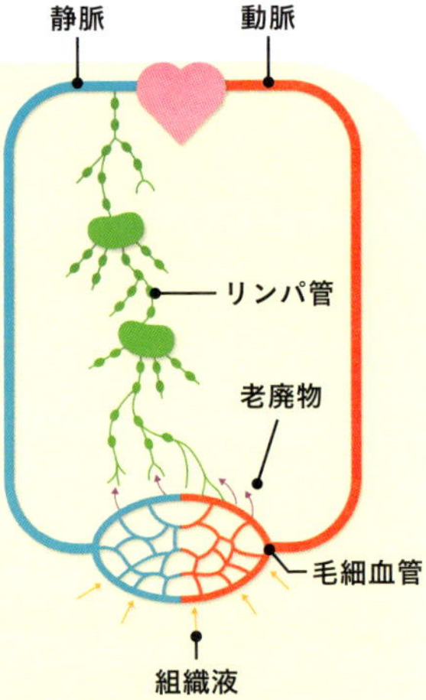

静脈で回収できない大きな老廃物などをリンパ管が回収する。

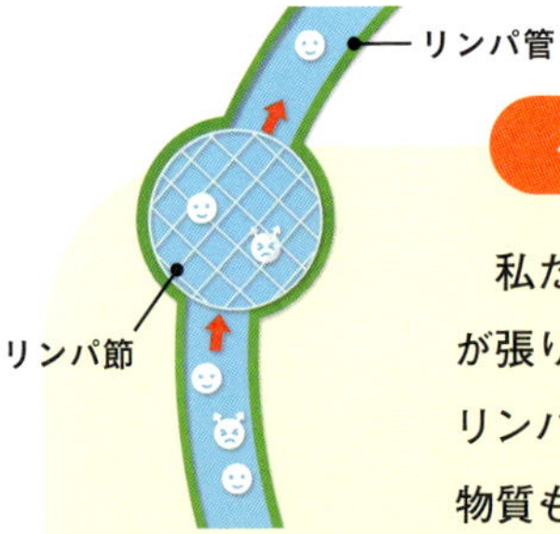

そもそもリンパって何なのか？

私たちの体には、血管に沿った形で「リンパ管」が張り巡らされています。リンパ管に流れているリンパ液には栄養のほか老廃物や細菌などの有害物質も流れています。それらを取り除く**フィルターの役目をするのがリンパ管の途中にある「リンパ節」**です。体内には約800個ものリンパ節があります。**リンパ管・リンパ液・リンパ節を合わせて一般的に「リンパ」**と呼んでいます。

血液は心臓のポンプ機能で
体内を循環。

リンパ液は心臓に向かって
一方通行。

なぜ老廃物がツマるの？

血液は心臓のポンプ機能によって全身を巡り、心臓に戻ってきます。しかし、リンパにはポンプ機能はなく、**筋肉を動かすことがポンプ機能の代わりになり、手足の先にあるリンパ管から心臓に向かって一方通行**に流れます。

また、リンパ液は流れるスピードが遅いので、老廃物が多くなると、どんどん流れが悪くなるのです。

どんな生活が老廃物を溜めるの？

乳酸などの体に有害な老廃物は、**普通に生活をしているだけ**でも溜まっていきます。さらに、矯正下着やキツイタイツ、サイズの小さいスキニーパンツなどで**体を締め付けること**でもリンパ液の流れは悪くなり、老廃物を溜めやすくなります。

また、運動不足や立ちっぱなし、座りっぱなしの姿勢は、ふくらはぎにある下半身の血液を心臓に戻すためのポンプ機能を低下させます。それによって老廃物の停滞だけでなく、**水分が滞ってむくみの原因**にもなります。

リンパを効果的に流すには?

肌の表面(皮膚のすぐ下)を流れるリンパは全体の6%。より老廃物を流してスッキリした体にするためには94%が流れる深部リンパを活用することです。そのために行うのが、本書で紹介する「深部リンパ節開放」。筋肉に圧をかけ、動かして刺激を与えることで深部リンパ節が開放され、100%のリンパ液をすばやく流すことができます。

さらに、リンパ節を開放したら肌をさすって、老廃物を体の外に排出しやすくします。これで、より効果的にリンパを流すことができるのです。

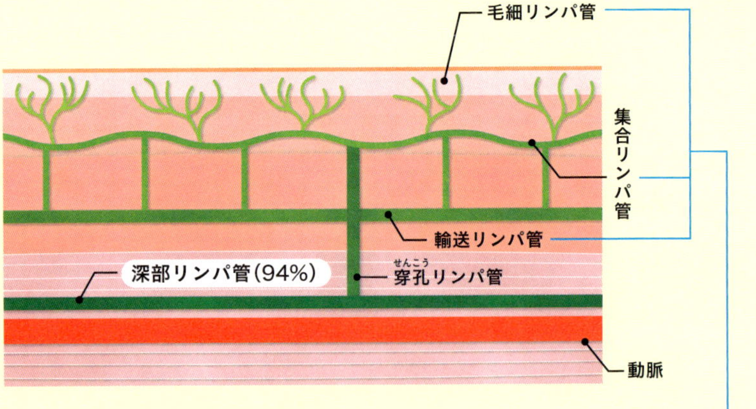

筋肉に圧がかかると浅部と深部をつなぐ
穿孔リンパ管が活性化。100%のリンパ液が
深部リンパ管に流れ込みます。

深部リンパ開放マッサージは一方通行であるリンパの流れに沿って行っていきます。次頁のイラストは全身に張り巡らされたリンパとその流れを示したものです。リンパの流れをイメージして行うことで、マッサージを行う手の動きもスムーズになり、より効率よくマッサージを行うことができます。

リンパ液は矢印の方向に流れていき、●のところに集合します。ここは老廃物がツマリやすくなるため、筋肉に圧をかけ、動かすことが重要になります。

正面

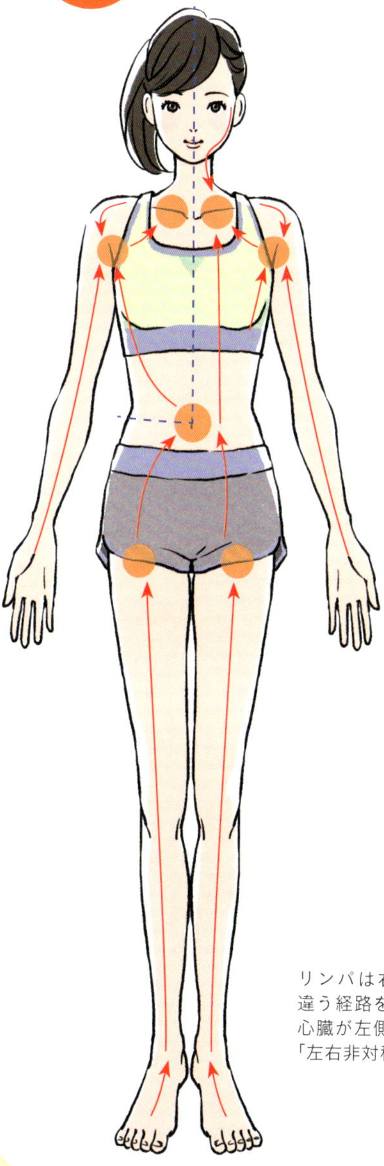

側面

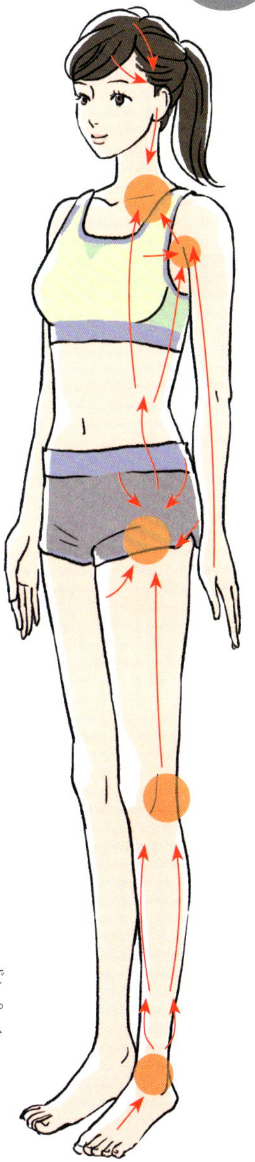

リンパは右側と左側で違う経路をたどります。心臓が左側にあるため、「左右非対称」なのです。

深部リンパ節を開放する
9つのスイッチ

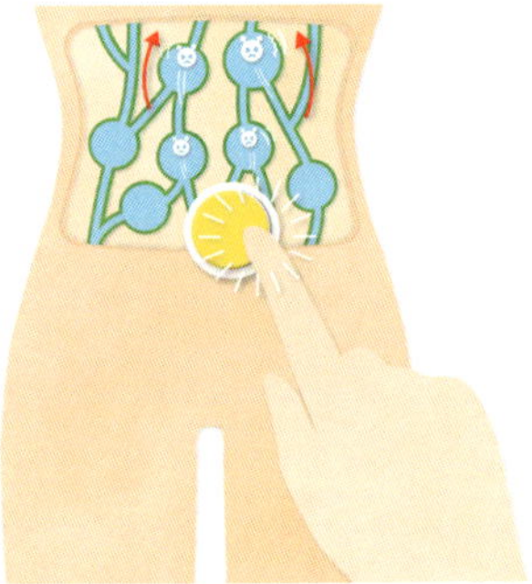

リンパ節は800個以上、体のいたるところにあります。これらすべてにアプローチしていくのはとてもたいへんで、どれだけ時間があっても足りません。そこで行いたいのが**「やせスイッチ」とも呼べる９つの箇所です**。

リンパ液はリンパ管を通ってリンパ節を通過しながら全身を巡ります。リンパ節はリンパ管の中継地点で、老廃物をろ過するゴミ処理場のようなところですが、**次の９つは体中に張り巡らされたリンパ管が、必ず経由する地点です**。ココに働きかけることが最も効率的で、**「やせスイッチ」**と呼べる場所なのです。

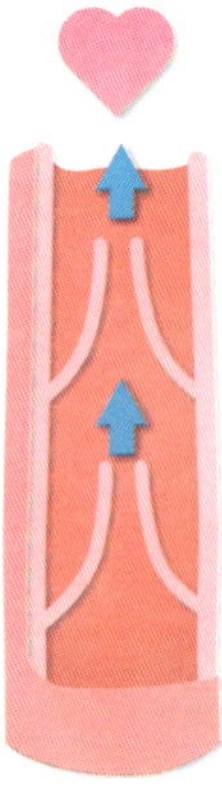

深部リンパ節開放は心臓に近い場所から遠い場所に向かって行っていきます。

理由のひとつは、**リンパ液は心臓に向かって流れているため**。心臓に近い場所から滞りを取っていけば、リンパが流れやすくなります。

また、深部リンパ管には弁があり、ひとつずつ部屋を区切っています。ひとつの部屋のリンパが流れて空洞になると、隣の部屋のリンパを引き込む性質をもっています。つまり、心臓に近いほうから開けていけば、**心臓に向かって引き込む力がより加わって、リンパの流れが増すのです**。

深部リンパ節開放で
9つのスイッチを押す

やせスイッチを押す順番

1
鎖骨のリンパ節
⇒すべてのリンパ液が集合する。
顔のむくみや二重あごの原因となる場所

2
顔、頭・首のリンパ節
⇒顔のむくみや肩コリ・首コリの
原因となる場所

3
わきの下のリンパ節
⇒肩や背中まわりに脂肪がつく
原因となる場所

4
横隔膜のリンパ節
⇒呼吸が深くなり代謝アップに
つながる場所

5
おなかのリンパ節
⇒ウエストまわりの
ぜい肉の原因となる場所

6
腰のリンパ節
⇒腰まわり、下腹部の
ぜい肉の原因となる場所

7
脚の付け根のリンパ節
⇒下半身のむくみの原因となる場所

8
ひざの裏のリンパ節
⇒ひざ下のむくみの原因となる場所

9
足首のリンパ節
⇒足首のむくみの原因となる場所

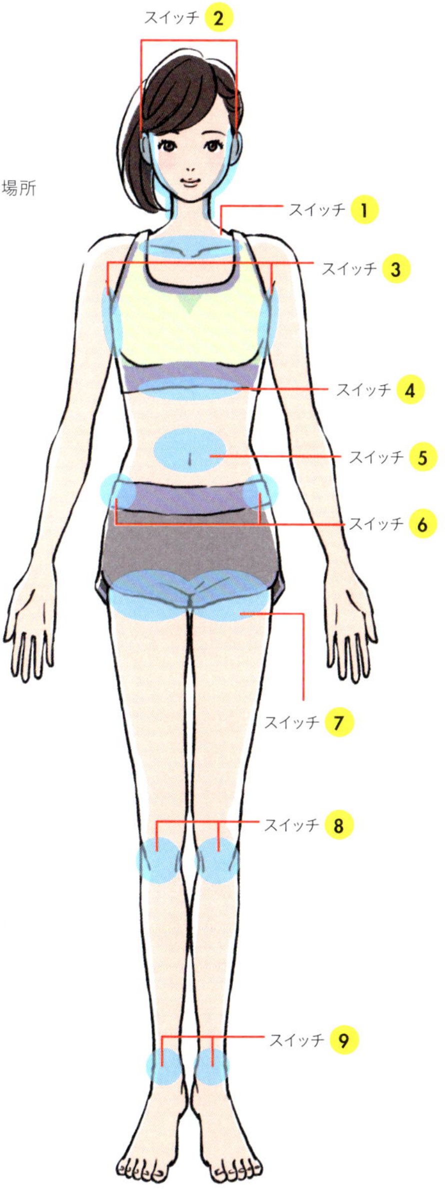

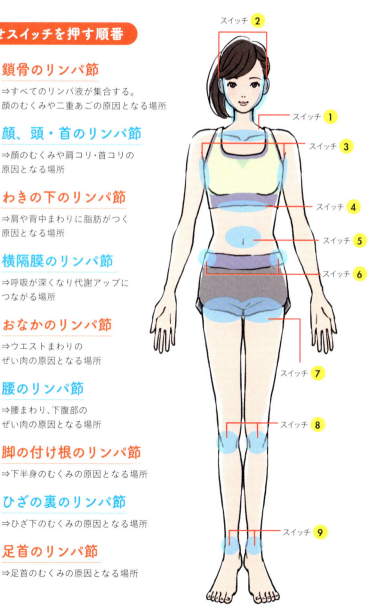

やせスイッチを押す
深部リンパ節開放は
誰でもいつでもできる

簡単なので習慣化しやすい

深部リンパ節開放は９つのリンパ節を開放させていくだけ。しかも手順は大きく３つです(左頁参照)。手の動かし方に慣れてくれば習慣化しやすく、「老若男女」どんな人も行ってほしいマッサージです。

疲れたときでも続けられる

お風呂上がりや寝る前、テレビを見ながらなど、自宅でリラックスしながらできます。今日は疲れてあまり動きたくない、というときでも簡単に行うことができます。また、特別な道具や広い場所も必要ありません。

位置を間違えず、強い力も必要ない

ここの位置で合っている？力の入れ具合はこのくらい？と不安に思う方もいらっしゃるでしょう。しかし、深部リンパ節開放は筋肉を刺激し全身のリンパに働きかけるもので、ポイントを押すものではありません。強い力は必要なく、続けるだけで効果は期待できます。

運動なしでサイズダウンが実現

深部リンパ節開放によって基礎代謝が上がり、むくみも取れて自然とやせやすい体になります。そのため、食事制限やきつい運動をしていなくてもスタイルの変化が感じられるようになり、続けるモチベーションを保つことができます。

深部リンパ開放マッサージの手順

1 圧迫する

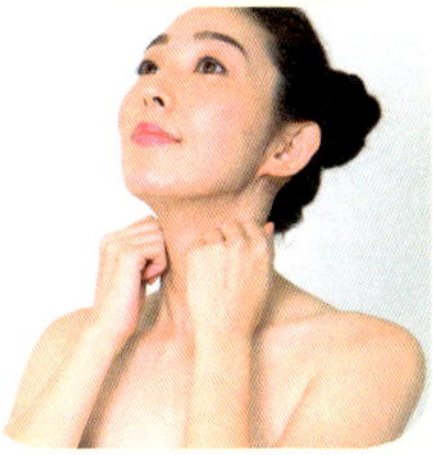

リンパがツマリやすい部位を、親指や四指を使ってつかんだり、押したりして圧迫します。筋肉を圧迫することで、筋膜の下にある深部リンパに圧がかかり、浅部と深部をつなぐ穿孔《せんこう》リンパも活性化します。

---

2 動かす

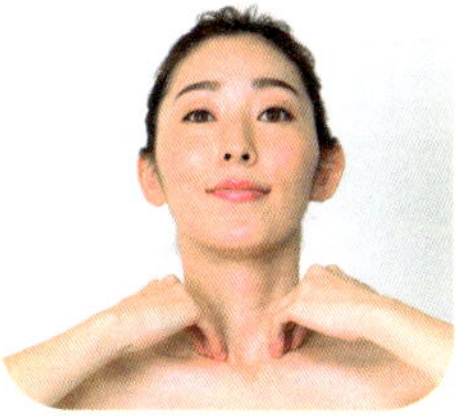

1で圧迫したままその部位を動かして、筋肉を収縮させます。動きを加えることでより深く刺激することができ、深部リンパの流れが増し、老廃物のツマリを解消させます。

ここまでが深部リンパ節開放

---

3 流す

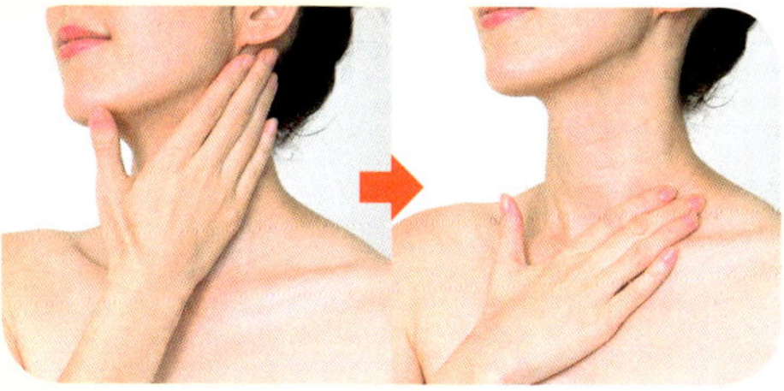

動かした後は、老廃物を排泄できるようにやせスイッチに向かって軽くさすります。

これで深部リンパ開放マッサージの完成！

流すだけでどのくらい変わる？

深部リンパ開放マッサージ 2週間チャレンジ

本書で紹介するマッサージを20 ～ 50代
6人のモニターさんに挑戦してもらいました。実施期間は2週間。
特別な運動や食事制限は一切なし！　どのように、変化があったのでしょうか。

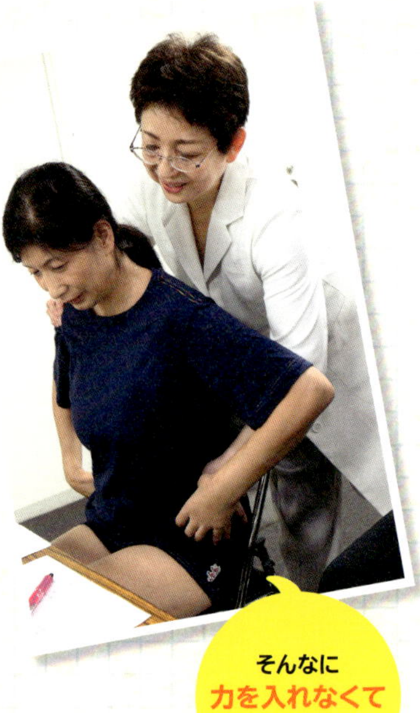
そんなに
力を入れなくて
いいんですね

チャレンジの方法

「スイッチ1～9」まで順番に開放していきます(→P42～)。マッサージを始めたばかりの2週間はリンパがかなり停滞している状態ですので、1日2回行います。
「全部やるのはツライ」「時間が取れない」というときは、「スイッチ1 鎖骨のリンパ節」は必ずやってから本人が特に気になっている部位のマッサージを行ってもらいました。

イタタ…
ツマって
いるんですね…

2週間後
体重のほか、気になる部位の変化を見てみましょう。

FILE 1

Fさん 45歳

食べることが好きなので、食事制限いらずの深部リンパ開放マッサージは続けられそうと思いました。全体的なサイズダウンを期待していますが、一番はウエスト。すっきりとしたくびれをつくりたいです。

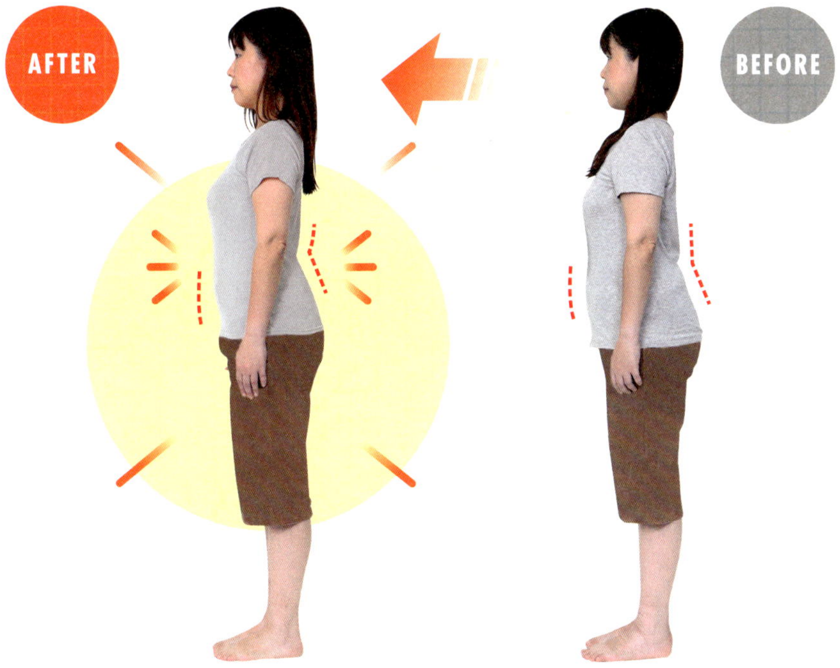

AFTER	変化	BEFORE	
50.1kg	−3.1kg	53.2kg	体重
25cm	−1.5cm	26.5cm	二の腕
85cm	−3.5cm	88.5cm	ウエスト
46cm	−4.4cm	50.4cm	太もも
33cm	−1.5cm	34.5cm	ふくらはぎ

夜久先生より

食べることがお好きなFさんですが、ウエストサイズに変化が出ています。今後、横隔膜のリンパ節開放を中心に続けることでエネルギー代謝がさらに上がり、やせやすくなりますよ。

感想

仕事で帰りが遅くなったときも続けられるくらい簡単。5日過ぎた頃から「やせた」と言われることが増えました。まだ体重に変化が現れていない頃でしたが、すぐにサイズダウンし、見た目が変わったことでモチベーションが上がりました。

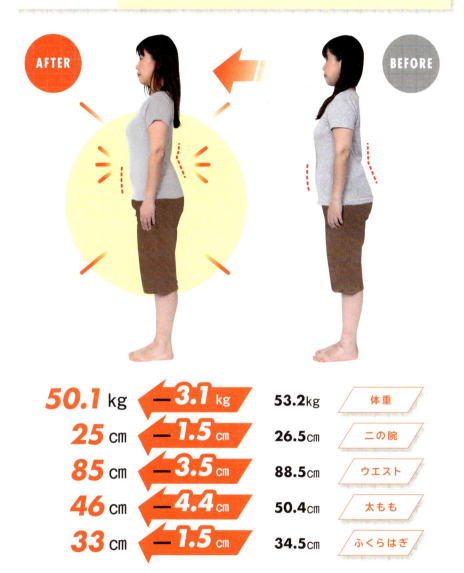

FILE 2 Tさん 35歳

出産後からとくにウエストのお肉が気になるように。子どもがまだ小さいので、しっかりと時間を取ることはできないのですが、おなかのマッサージを中心にウエストのくびれと太ももやせを叶えたいです。

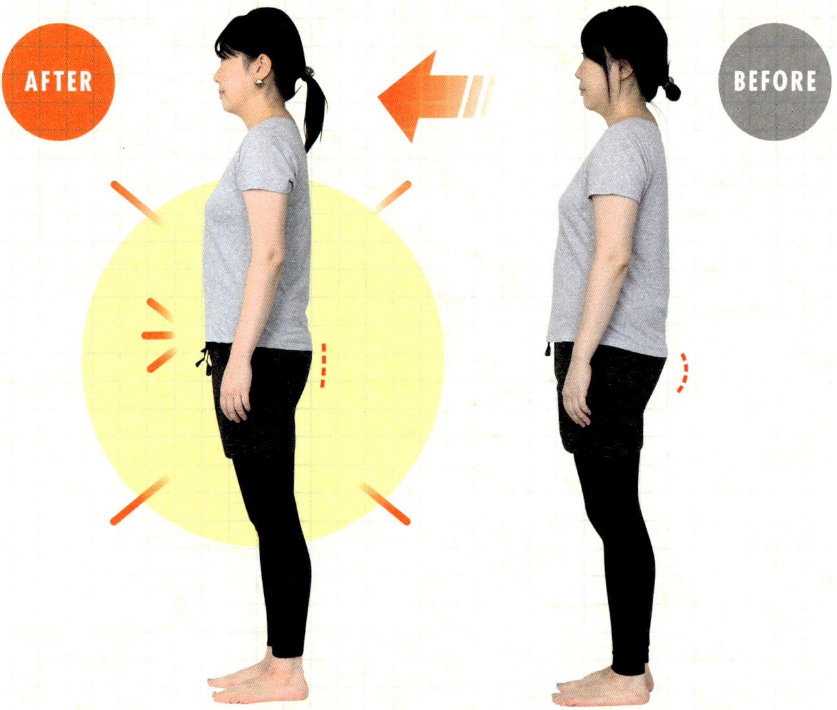

AFTER	変化	BEFORE	
62.5kg	−2.4kg	64.9kg	体重
29cm	−1.5cm	30.5cm	二の腕
81.3cm	−2.5cm	83.8cm	ウエスト
48.2cm	−5cm	53.2cm	太もも
36.3cm	−0.4cm	36.7cm	ふくらはぎ

夜久先生より

着ていたものがゆるくなる、というのはわかりやすい変化ですね。ウエストやせには、起床時と就寝前、寝ながらのおなかのリンパ節開放を続けて。前日に残っている脂肪と今日の脂肪を排泄できます。

感想

始めて1週間後くらいに、急に主人から「やせたね！」という一言がありました。時間がなかなか取れないなかでも、気づくとおなかまわりと太ももがやせて、履いていたデニムもゆるくなっていました。

FILE 3

Sさん 28歳

万年ダイエッターです。さまざまなダイエット方法に挑戦しては、すぐやめてしまったり、結果が出なかったり…。体重はもちろん、下半身がずっと気になっているので、太ももとふくらはぎのサイズダウンを目指します。

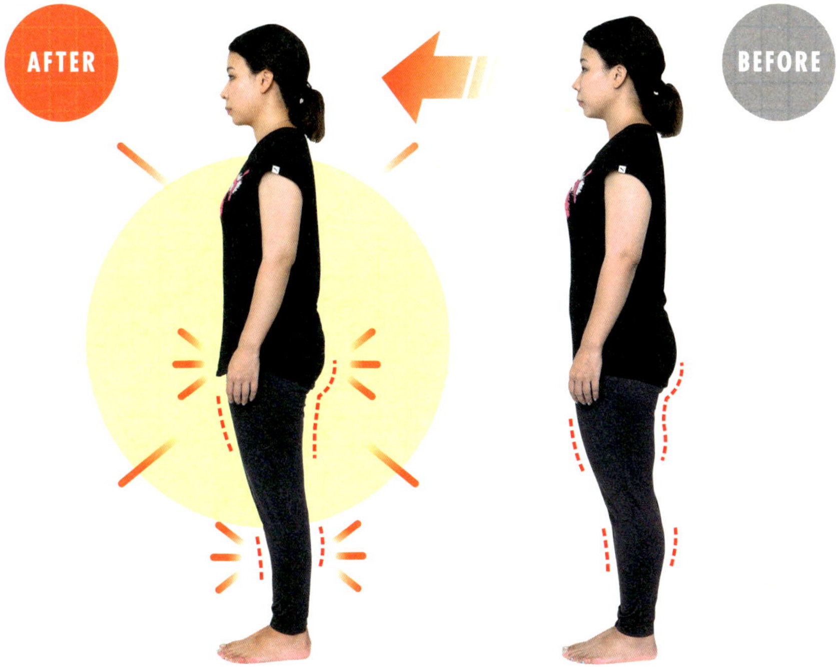

57.2kg	−2kg	59.2kg	体重
27.5cm	−2cm	29.5cm	二の腕
70.5cm	−1.9cm	72.4cm	ウエスト
54cm	−3.3cm	57.3cm	太もも
35cm	−2.2cm	37.2cm	ふくらはぎ

夜久先生より

普段、続けることが苦手な人でも、このマッサージは簡単なので結果につながったのではないでしょうか。さらにお尻と脚の付け根のリンパ節開放を続けることで、股関節が動きやすくなり、足やせにつながります。

感想

毎日マッサージを続けていると、好きなものを食べているのに体重が減っていました！　簡単なマッサージなのでこれからも続けていき、スキニーデニムを履くという目標に向かって頑張りたいと思います。

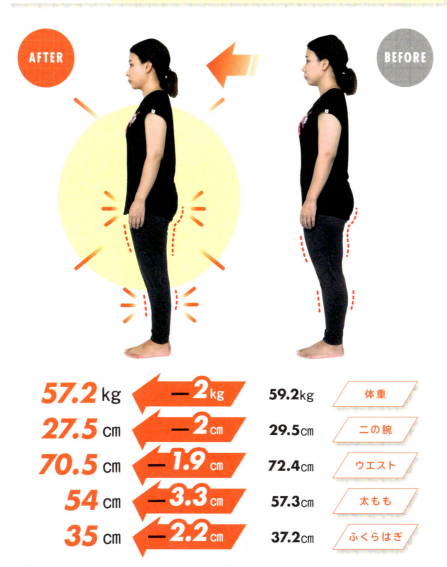

FILE 4

Kさん 39歳

もともと体が硬くて、ちょっとマッサージをするだけでも痛いので、きっとリンパも滞っているはず。一番はおなかやせをしたいのですが、振り袖のような二の腕もすっきりさせたいです。

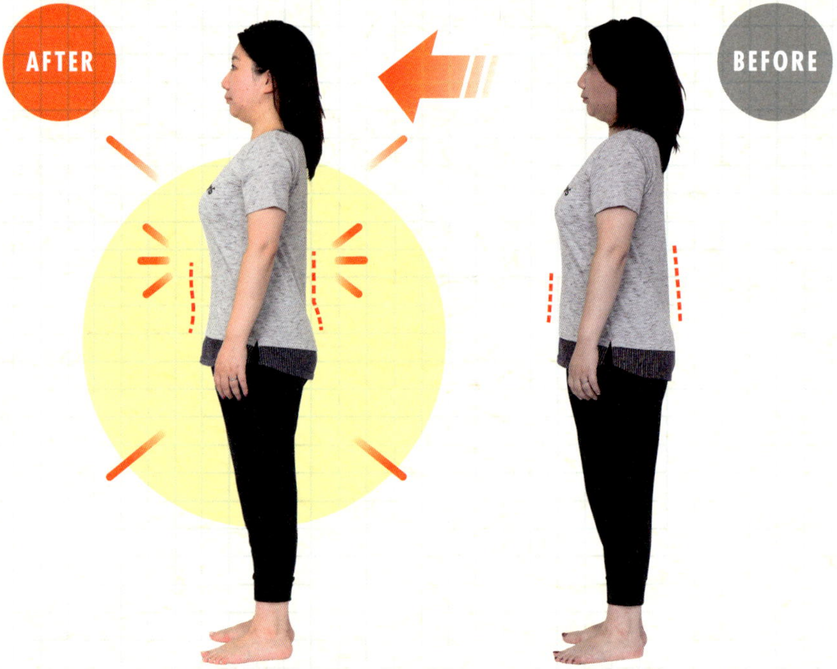

AFTER		BEFORE	
60kg	−2.4kg	62.4kg	体重
27cm	−2.5cm	29.5cm	二の腕
75cm	−5cm	80cm	ウエスト
53cm	−1cm	54cm	太もも
35cm	−1.5cm	36.5cm	ふくらはぎ

夜久先生より

最初はとても体が硬かったKさんですが、硬い人ほど、一度リンパが流れると、どんどん体が変化してサイズダウンしていきます。痛みがなくなったら「やせますよ！」のサインと思って続けてください。

感想

最初はどこを動かしても痛い状態でした。でも、続けているうちに痛みがなくなり、老廃物が流れているんだなと実感しました。「やせたね」「キレイになったね」と言われるようになり、やる気に火がつき、2週間があっという間でした。

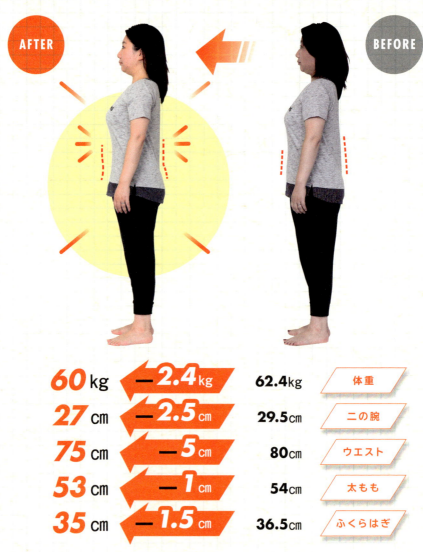

FILE 5

Mさん 58歳

上半身はすっきりしているように見られるのですが、膝の上と太ももについたお肉が気になっていました。普段、特別な運動を行っているわけではありませんが、下半身のマッサージを念入りに行いたいです。

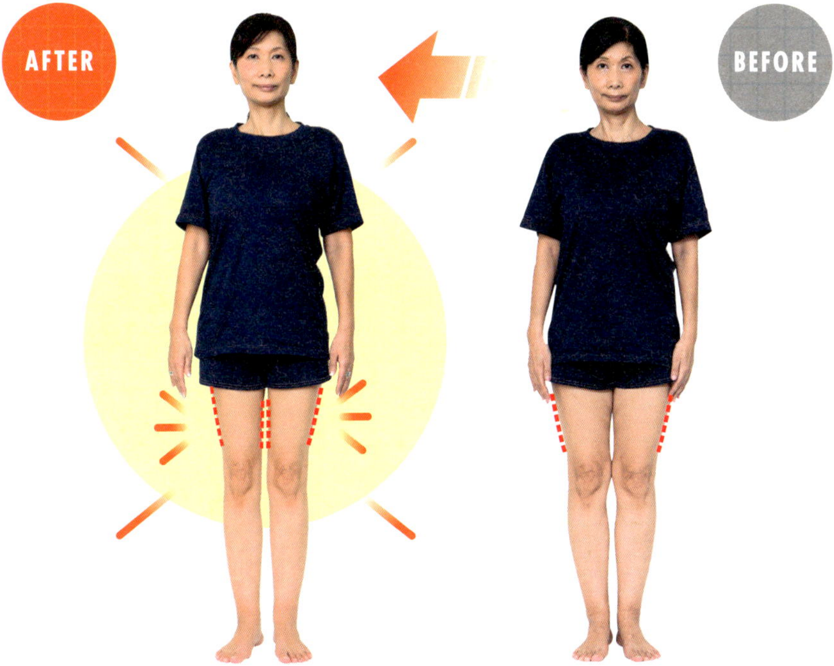

AFTER	変化	BEFORE	
55.2kg	−1.7kg	56.9kg	体重
25.5cm	−0.5cm	26cm	二の腕
73.5cm	−2.5cm	76cm	ウエスト
47cm	−4cm	51cm	太もも
35cm	−1cm	36cm	ふくらはぎ

夜久先生より

膝の上がすっきりしましたね。さらに、「肌の変化」も、体の隅々からデトックスしている深部リンパ開放マッサージの特徴です。マッサージを続けることで肌のキレイは加速しますよ！

感想

始めて少し経つと体が軽くなり動かしやすくなりました。それとともに気持ちもアクティブに。サイズダウンももちろん感じましたが、肌の色が明るくなり、やせるだけでない変化を感じることができました。

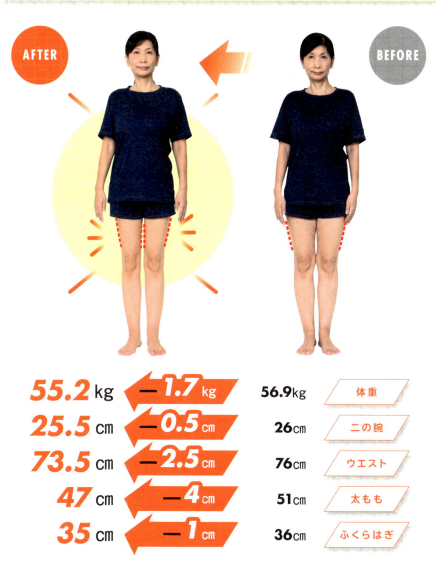

FILE 6

Sさん 33歳

マッサージには興味があり、エステに通っていましたが最近は行けず…。自宅でできるので、やってみたいと思いました。仕事で腕を使うことが多く、しっかりした二の腕とぽっこり出たおなかをどうにかしたいです。

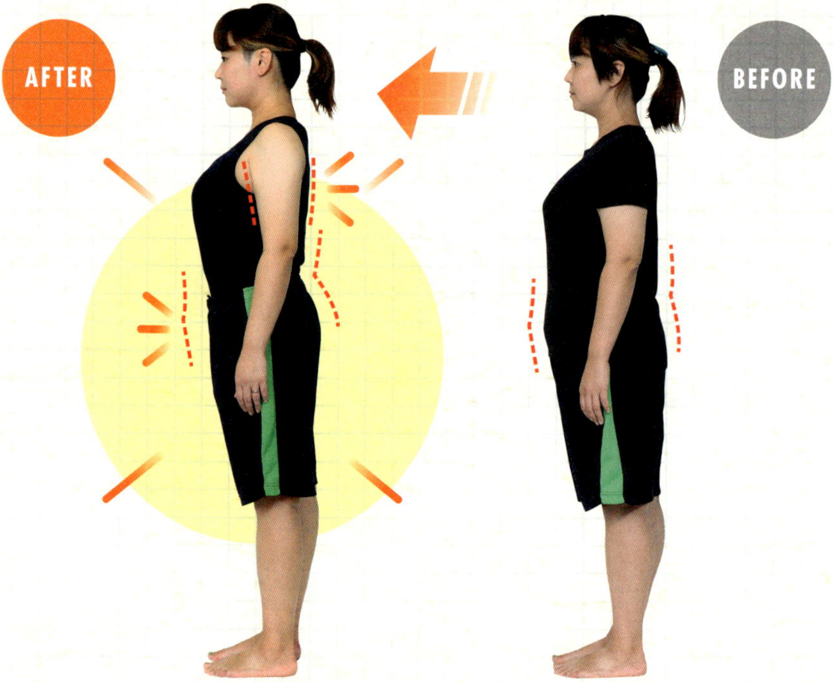

AFTER		BEFORE	
61.2kg	−2kg	63.2kg	体重
30.5cm	−1.5cm	32cm	二の腕
79cm	−2cm	81cm	ウエスト
48.5cm	−4cm	52.5cm	太もも
36cm	−3cm	39cm	ふくらはぎ

夜久先生より

チャレンジ期間に旅行があったそうですが、このマッサージは、食事に左右されません。首のリンパ節開放は、不規則な生活でのイライラにも効果がありますので、これから取り入れてみてください。

感想

仕事の関係で生活時間が不規則になるのですが、無理せず、空いた時間なども使って行いました。２週間のうち、旅行もあり美味しいものを食べていたにもかかわらずサイズダウンをしていてびっくりです。

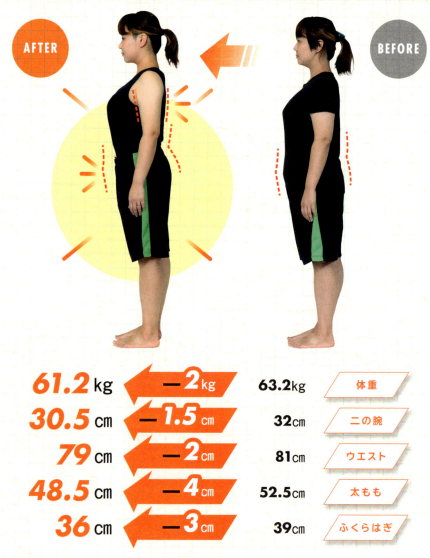

2週間を終えてみて……

2週間後、それぞれ目標としていた部位に大きなサイズダウンが見られました。
さらに食事制限なしにもかかわらず、体重の減少も！
全体的にすっきりして、見た目がかなり変わるので、
まわりの方々のほうが早く気づくようですね。
無理せず、毎日続けられることもこの深部リンパ節開放のよいところです。

REPORT

毎日マッサージを続けていると、最初は少し触っただけでも痛かったところが、びっくりするくらい痛みが消えていることに驚きました。ツマリが取れて、全体的にスッキリした見た目になりました。2週間前に比べて体もやわらかくなっていて、より効果が実感できました。

やせるし、健康になっていることを実感。このマッサージしかしていないのにリバウンドなしなので、これからも毎日続けていこうと思います。

REPORT

本書の見方

- 手でさする方向を表しています。
- 体を倒す方向などを表しています。
- 裏側の手の動きを表しています。
- 手で圧をかける場所を示しています。
- 肌をさする始点を表しています。
- 両手 5秒　効果的に行うための回数・時間を記しています。

刺激する筋肉・リンパの場所

この項目で刺激する筋肉の場所とリンパの流れを解説しています。深部リンパ節開放をするときに、この部分を意識しながら行うことで、より効果的に行うことができます。

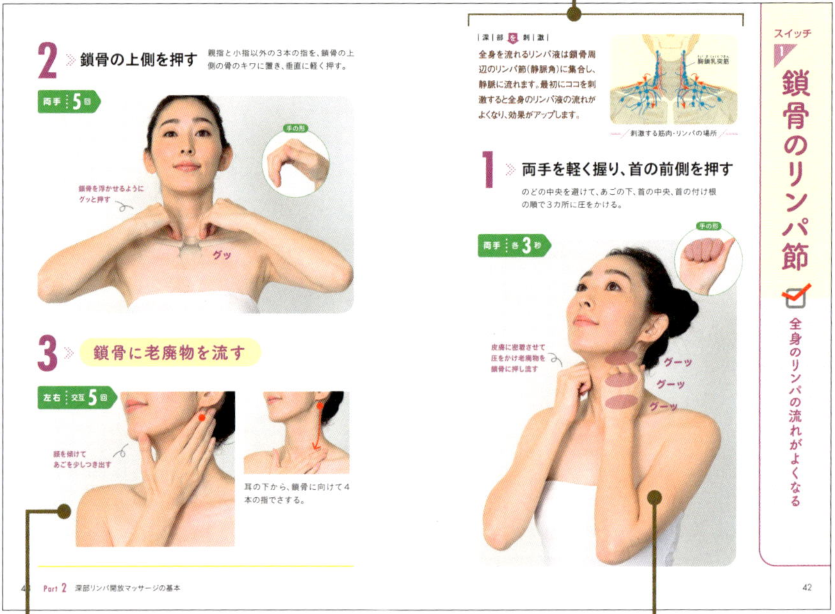

流す

深部リンパ節開放の仕上げに肌をさすり、老廃物を流します(→P23)。深部リンパ節を開放したことで老廃物がリンパ液に出てきているので、それをさすって老廃物の出口に流します。

深部リンパ節開放の流れ

マッサージの手順を紹介しています。深部リンパ節開放はツボ押しと違い、ピンポイントで押す必要はありません。骨の位置などを参考に圧迫し、動かすようにしましょう。

PART

2

深部リンパ節を開放して
やせる体をつくる！

深部リンパ開放マッサージの基本

それでは深部リンパ開放マッサージを行っていきましょう。
まずは、基本となる全身の深部リンパ節開放を順に解説していきます。
9つの「やせスイッチ」の場所を確認しましょう。

リンパのツマリ具合がわかる 1

リンパは滞っているか
2つのポーズで確認！

リンパの流れが滞っていると、その周辺の筋肉や関節が硬くなって動かしづらくなります。まずは自分の状態を知るところから。深部リンパ節開放を行う前と後でも比べてみると、効果が実感できるでしょう。

前屈

手と床の距離をチェック

ツマッてる！

CHECK POINT

立った状態から前屈をします。床から10㎝以上離れてしまう人はわきの下（→P46）、おなか（→P50）、脚の付け根（→P54）のリンパがかなりツマっている状態です。

背中で手を合わせる

手と手の距離をチェック

ツマッてる！

CHECK POINT

片方の手は上から、もう片方の手は下から背中側に回して、背中で両手を合わせます。手が届かない、もしくは片側は届くけれどもう一方が届かない人は、胸・背中・わき・肩のリンパ液の流れに関係するわきの下のリンパ（→P46）がツマっています。

リンパの **ツマリ具合** がわかる **2**

老廃物の溜まり場 押して確認！

次の4カ所は、体の中でも老廃物が溜まりやすい場所。押したりつまんだりして痛みを感じたらツマって流れが悪くなっている証拠です。自分が痛みを感じる場所を確認してみましょう。

4本の指をみぞおちの両側に置いてろっ骨のキワに指を沿わせます。息を吐きながら上体を前へ倒しましょう。ストレスなど緊張状態が続いている人は痛みを感じます。

横隔膜のリンパ節

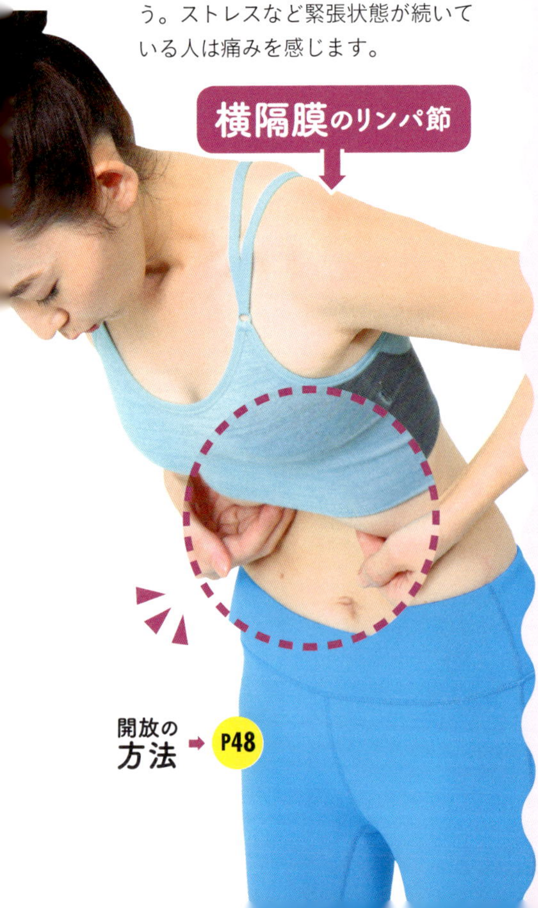

開放の方法 → P48

開放の方法 → P46

わきの下のリンパ節

親指をわきの内側を押すように深く入れ、残りの指はわきの外側をつかみます。痛みを感じる人は腕が上げにくかったり、首や肩にコリがある人です。

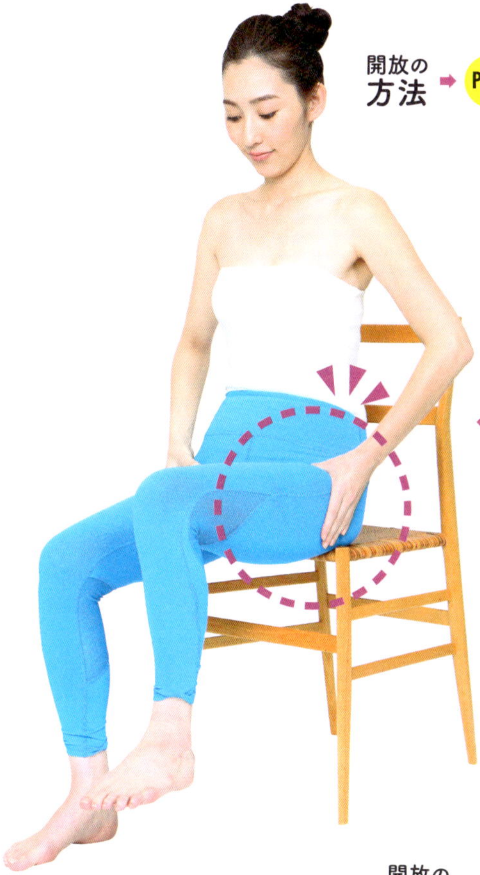

開放の方法 → P54

脚の付け根のリンパ節

椅子に浅く座り、左右の脚の付け根部分に親指を置いて強めに圧をかけます。脚を左右交互に上げ下げして動きが悪かったり痛みがあったりしたら、下半身に老廃物が溜まりやすくなっています。

開放の方法 → P56

ひざの裏のリンパ節

椅子に浅く座り、親指をひざのお皿の下部に置き、残りの４本の指でひざ裏の筋肉を押すようにグッと圧迫します。脚がむくみやすかったり、だるさがある人は痛みを感じます。

深部リンパ節開放を始めましょう

ここからは効率的に深部リンパ節開放を行う手順をご紹介します。「やせスイッチ」は全部で9つありますが、次の流れで行っていくと老廃物がスムーズに排出され、体の変化を早く感じられるようになります。

最初に行いたいのが**「スイッチ１　鎖骨のリンパ節」**の開放です。この場所が最も心臓に近く、全身のリンパの通り道になります。ここを開放しておくと、効果的にマッサージを行うことができます。そして、２～９のやせスイッチを押していきます。心臓に近い体の上部から下部に向かって順番にツマリが取れていき、滞りなくリンパを流すことができるのです。

深部リンパ節開放は上半身から START

スイッチ

1　鎖骨

全身のリンパの通り道である
鎖骨のリンパ節を開放

2　顔・頭・首

まずは耳まわりや首のリンパに
圧をかけ、頭部のリンパ節を開放

3　わきの下

上半身のリンパ液が集合する
わきの下のリンパ節を開放

4　横隔膜

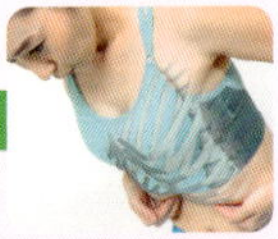

上半身の一番下、呼吸にも関わる
横隔膜のリンパ節を開放

これで上半身のリンパ節開放が完了♪　P34 ～のチェックで変化を確認してみてもよいでしょう。

次に 下半身のリンパ節を開放する

スイッチ

5 おなか

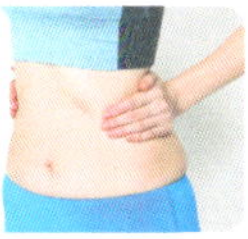

下半身のリンパ液が集合する
おなかのリンパ節を開放

6 腰

おなかのリンパ節に流れていく
腰のリンパ節を開放

7 脚の付け根

脚を流れるリンパ液が集合する
脚の付け根のリンパ節を開放

8 ひざの裏

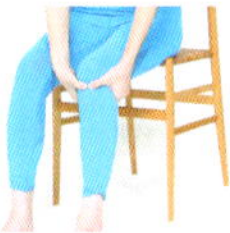

ひざから下のリンパ液が集合する
ひざの裏のリンパ節を開放

9 足首

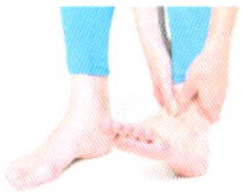

足先からのリンパ液が集合する足首のリンパ節を開放

これで下半身が完了♪　9つのスイッチが押され、全身のリンパがスムーズに流れている状態です。

CHECK POINT

リンパ液は血液が流れる動き（拍動）の影響も受けています。そのため、体が水分不足になって血液の流れが滞ると、リンパの流れも悪くなってしまいます。水分はしっかり摂りましょう。また、リンパ液が回収した体内の老廃物は、最終的に汗や尿として排出されます。小まめに水分補給をしてトイレに行き、「老廃物を出せる体」を作っていきましょう。

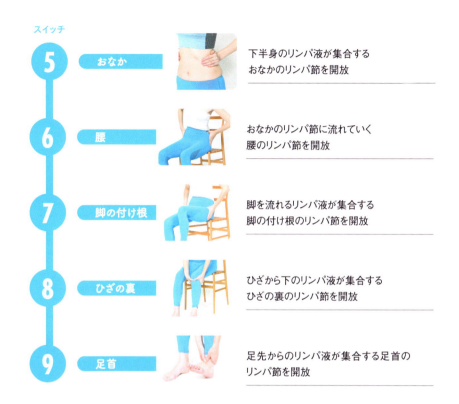

深部リンパ節開放を行う際に注意してほしいこと

深部リンパ節開放を行う際に気をつけたい
マッサージの強さや回数を確認しておきましょう。

はじめの2週間

1日2回　軽めの圧で

深部リンパ節開放を始めたばかりの頃は、リンパ節まわりの筋肉が硬くなっていることが多いです。強く圧をかけるというよりも刺激は軽めにして、回数を多くします。痛気持ちいいくらいを目安にゆっくり動かします。痛みが強い場合は無理をしないでください。おすすめのタイミングはお風呂上がり。このときはリンパが流れやすい状態になっています。また、朝起きて体が重いと感じたときや、１日の疲れを取るため、寝る前に行ってもよいでしょう。

2週間経ったら

1日1回　圧を強めて

痛みが少なくなってきたら、筋肉がほぐれて老廃物のツマリも取れてきている証拠。だいたい２週間が目安です。ここからは圧を強くして、大きく動かすことを意識しましょう。ただし、強度の強い運動をしたときは老廃物が溜まりやすくなっています。そんなときは軽めのマッサージを１日２回行うなど、調整しましょう。

P34の「リンパのツマリ具合」をチェックして変化を感じながら、1日の回数を調整してもOK。

毎日続けていくためにひと工夫して

深部リンパ節開放は毎日続けていってほしいマッサージです。しかし、忙しくて時間が取れない、今日は疲れていてすぐに寝てしまいたい、ということもあるでしょう。深部リンパ節開放は、時間も場所も問わない、いつでもどこでもできるという特徴があります。次のような工夫をしてみましょう。

- トイレで脚の付け根のリンパ節開放（→P54）
- 電車に乗っているときに横隔膜のリンパ節開放（→P63）
- お風呂で腰のリンパ節開放（→P52）
- 朝、布団の中でおなかのリンパ節開放（→P50）
- 食器を洗いながら脚の上下運動（→P107）

こんなときは深部リンパ節開放 NG

本書で紹介している深部リンパ節開放は、基本的に健康な人がキレイになったり、ボディラインを変えたりするために行うものです。体調がよくないときに深部リンパ節開放をすると、細菌類がリンパ節を通過し、全身に巡りやすくなってしまいます。

次のような人はマッサージを避けましょう。
また、不安がある人は医師に相談するなどしてから行ってください。

- NG 熱がある
- NG 風邪を引いている
- NG 胃腸の調子が悪い
- NG 循環器系に疾患がある
- NG 生理中
- NG 妊娠中
- NG 悪性腫瘍がある

注意事項

- 深部リンパマッサージを行っている最中に気分が悪くなったときは、すぐに止めて休んでください。
- 深部リンパマッサージにおける効果は、個人差があることをあらかじめご了承ください。

スイッチ 1

鎖骨のリンパ節

全身のリンパの流れがよくなる

|深|部 を 刺|激|

全身を流れるリンパ液は鎖骨周辺のリンパ節（静脈角）に集合し、静脈に流れます。最初にココを刺激すると全身のリンパ液の流れがよくなり、効果がアップします。

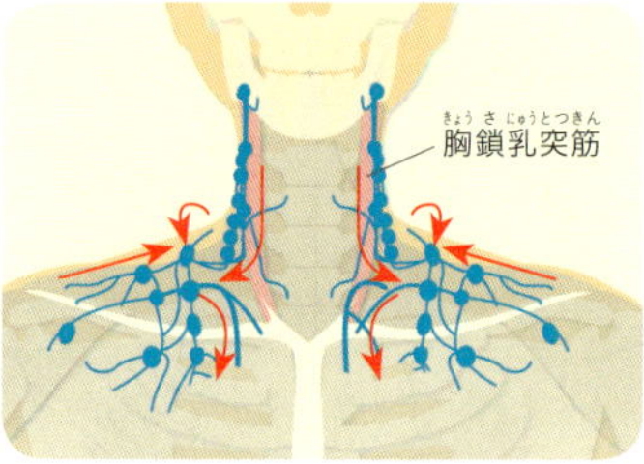

胸《きょう》鎖《さ》乳《にゅう》突《とつ》筋《きん》

刺激する筋肉・リンパの場所

1 両手を軽く握り、首の前側を押す

のどの中央を避けて、あごの下、首の中央、首の付け根の順で3カ所に圧をかける。

両手：各3秒

手の形
皮膚に密着させて
圧をかけ老廃物を
鎖骨に押し流す
グーッ
グーッ
グーッ

2 鎖骨の上側を押す

親指と小指以外の３本の指を、鎖骨の上側の骨のキワに置き、垂直に軽く押す。

両手 5回

鎖骨を浮かせるように
グッと押す
グッ
手の形

3 鎖骨に老廃物を流す

左右 交互 5回

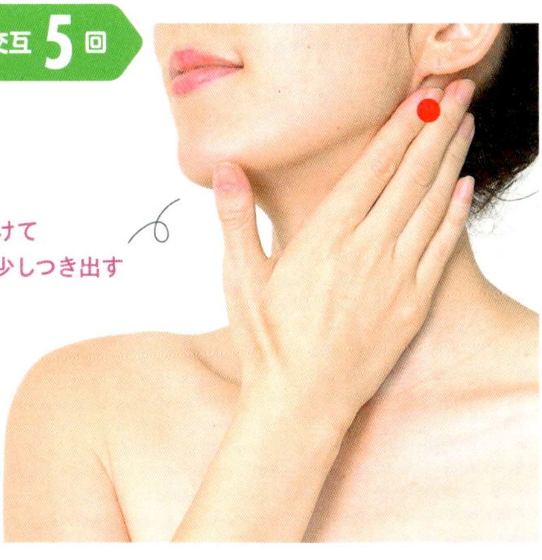
顔を傾けて
あごを少しつき出す

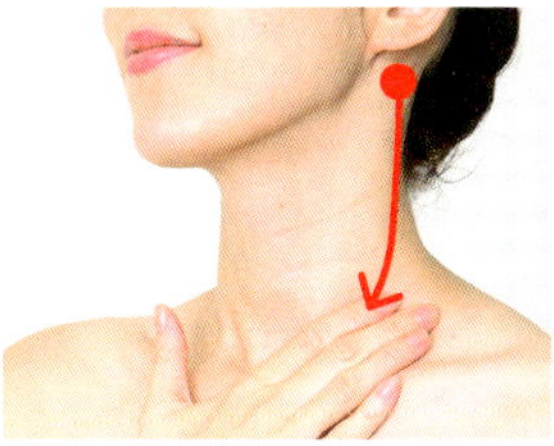

耳の下から、鎖骨に向けて４本の指でさする。

スイッチ 2

顔、頭・首のリンパ節

顔のむくみ、頭・首のコリを解消

|深|部 を 刺|激|

頭部のリンパ液は耳まわりや首にあるリンパ節に集合します。耳まわり・首の筋肉に圧をかけることで深部リンパ節が開放され、滞っていたリンパ液が流れます。

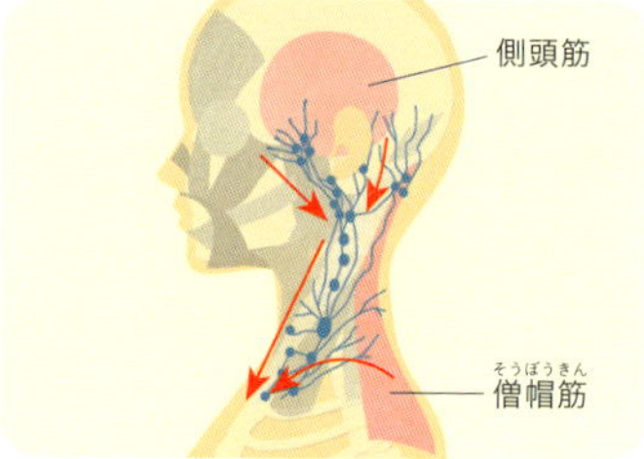

側頭筋
僧帽筋《そうぼうきん》

刺激する筋肉・リンパの場所

1 「アー」と言いながら、耳たぶを引っぱる

両手 各 3 秒

両耳をつかみ、口を大きく開けて声を出しながら、斜め上・横・斜め下にゆっくり引っぱる。

痛くない程度に
引っぱる

声を出すことで、耳まわりの筋肉が動きリンパの流れが UP

2 両耳の裏側を押す

両手 各 3 秒

斜め下を向きながら、4本の指先で、耳うしろの骨を押すように耳上から耳たぶまで3カ所に圧をかける。

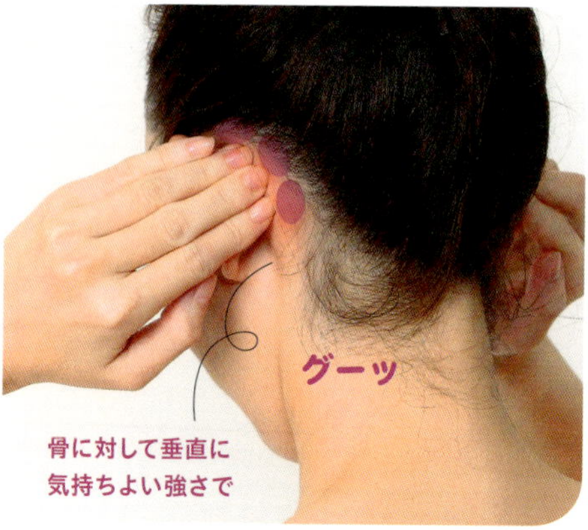

グーッ
骨に対して垂直に
気持ちよい強さで

3 首筋に指を置き、頭を傾ける

４本の指で首筋を３カ所押す。指先に頭の重みをかけるように首を傾け圧をかける。

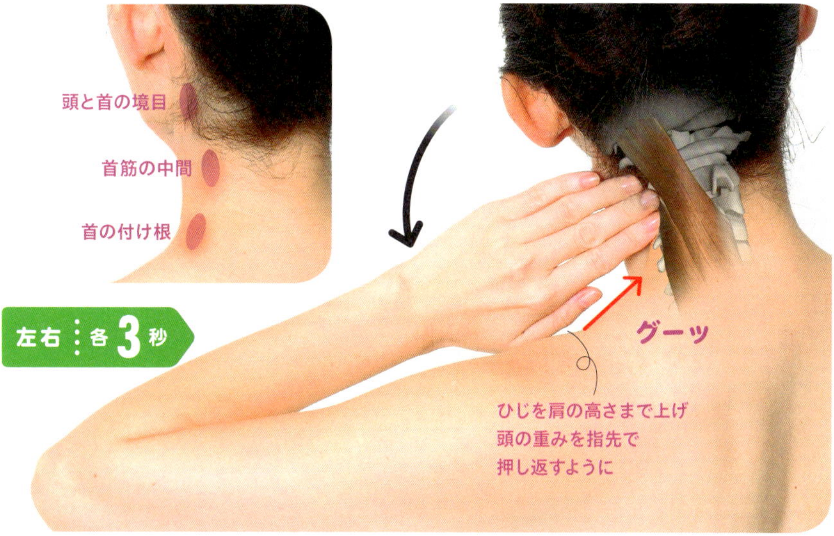
頭と首の境目
首筋の中間
首の付け根
左右 各3秒
グーッ
ひじを肩の高さまで上げ
頭の重みを指先で
押し返すように

4 鎖骨に老廃物を流す

左右 5回

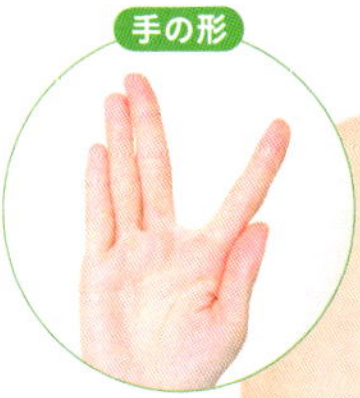
手の形

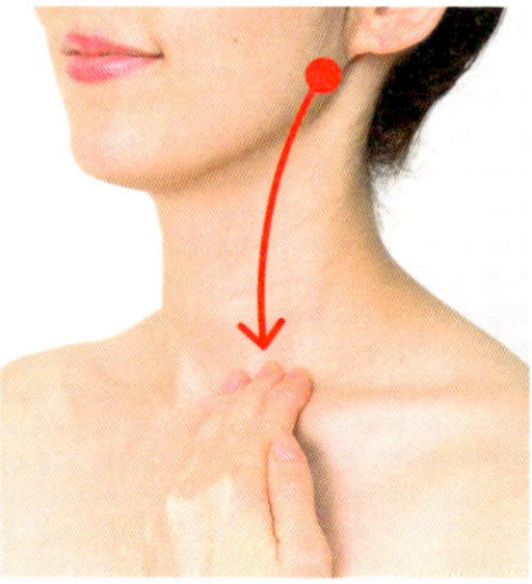

人差し指と中指の間に耳を挟み、首の前側を通って鎖骨まで、手のひらでさする。

スイッチ 3

わきの下のリンパ節

肩や背中まわりが
スッキリ！

|深|部を刺|激|

上半身を流れるリンパ液は、わきの下のリンパ節に集合します。わきにある筋肉に圧をかけることで深部リンパ節が開放。上半身のリンパ液が流れやすくなります。

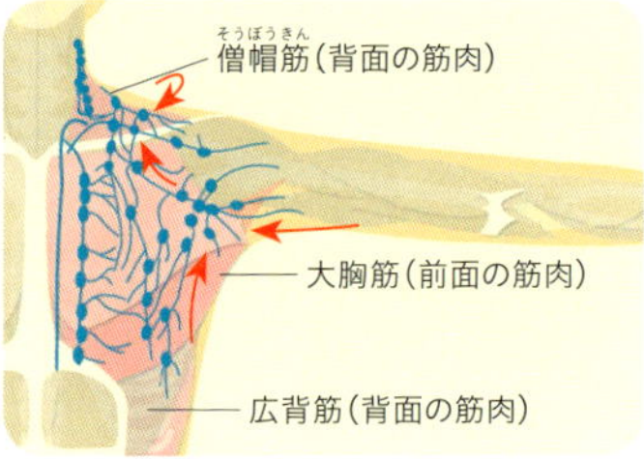

僧帽筋《そうぼうきん》（背面の筋肉）
大胸筋（前面の筋肉）
広背筋（背面の筋肉）

刺激する筋肉・リンパの場所

1 わきの内側をつかみ、腕を回す

左右 各5回

わきに4本の指を深く入れ、わきの内側を握るようにして腕を肩から内回し、次に外回しする。

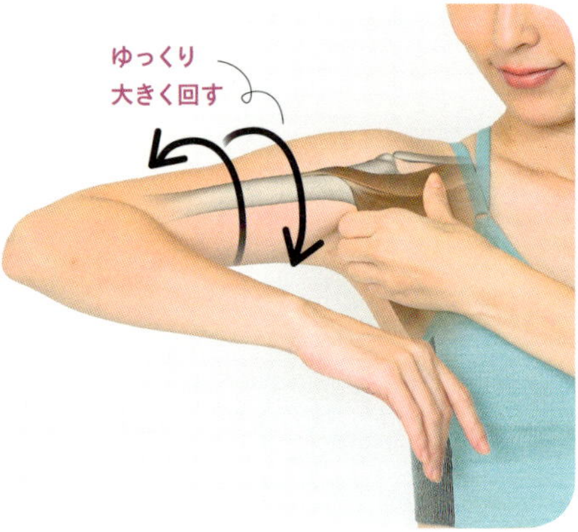

ゆっくり
大きく回す

2 わきの外側をつかみ、腕を回す

左右 各5回

親指はわきの内側を押すように深く入れ、残りの指はわきの外側をつかみ、腕を肩から内回し、次に外回しする。

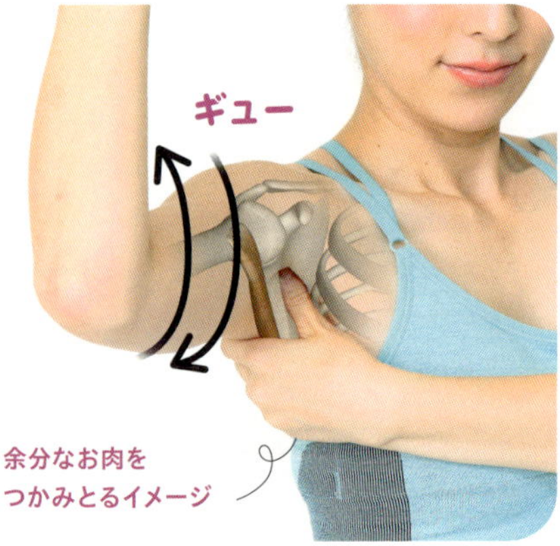

ギュー
余分なお肉を
つかみとるイメージ

3 肩をつかみ腕を回す

左右：各5回

肩の上側をつかんで腕を肩から内回しし、次に外回しする。体の内側に肩を入れるようにするとつかみやすい。

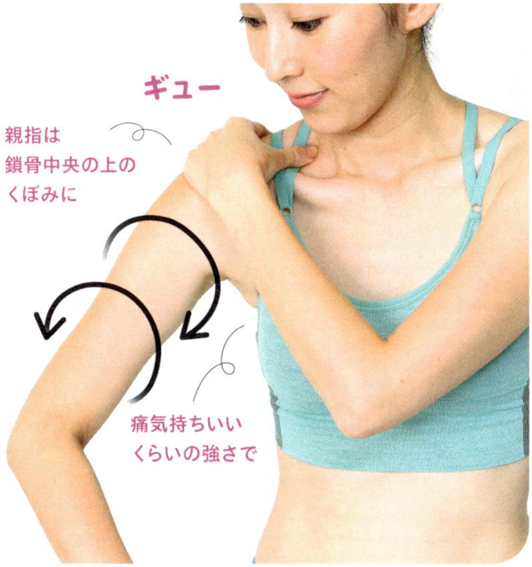
ギュー
親指は
鎖骨中央の上の
くぼみに
痛気持ちいい
くらいの強さで

4 わきと鎖骨に老廃物を流す

左右：各1回

鎖骨からわき、背中からわきのくぼみ、
肩から鎖骨に向けて手のひら全体でさする。

1

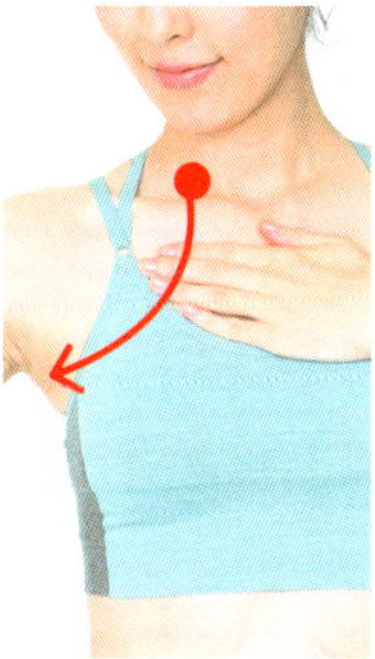

2

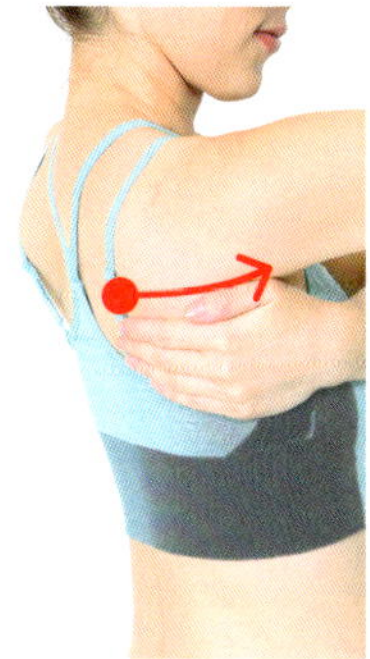

3

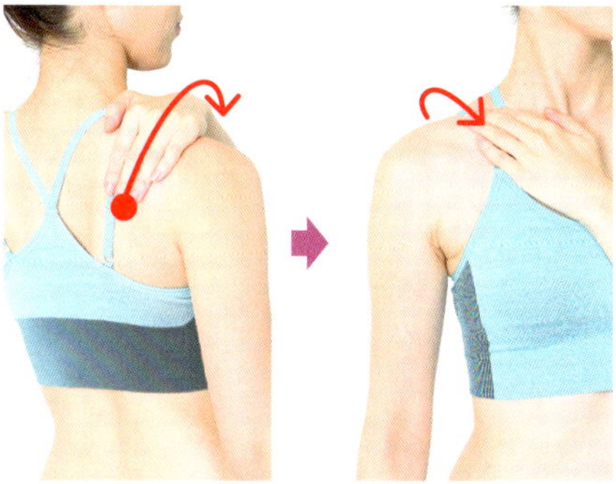

スイッチ 4

横隔膜のリンパ節

✔ 呼吸が深くなって代謝アップ&ストレス軽減

|深|部|を|刺|激|

上体を動かしながら横隔膜へ刺激を与えることで、横隔膜の深部リンパ節を開放します。呼吸が深くなり、代謝がアップ。自律神経も整います。

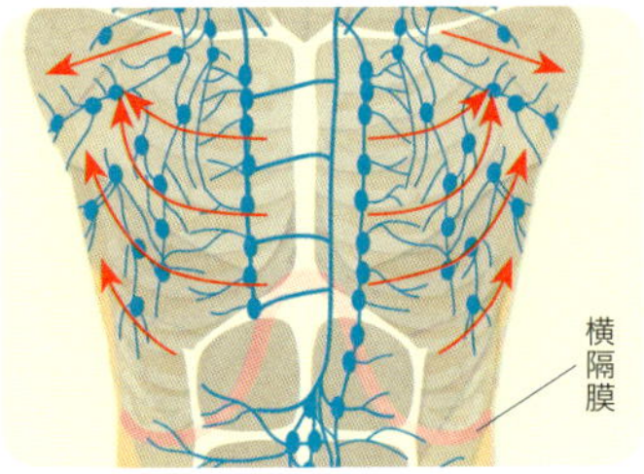

刺激する筋肉・リンパの場所

1 指をろっ骨の下に置いて、息を吸う

両手の４本の指をみぞおち横のろっ骨の下に置いて、息を吸っておなかを膨らませる。

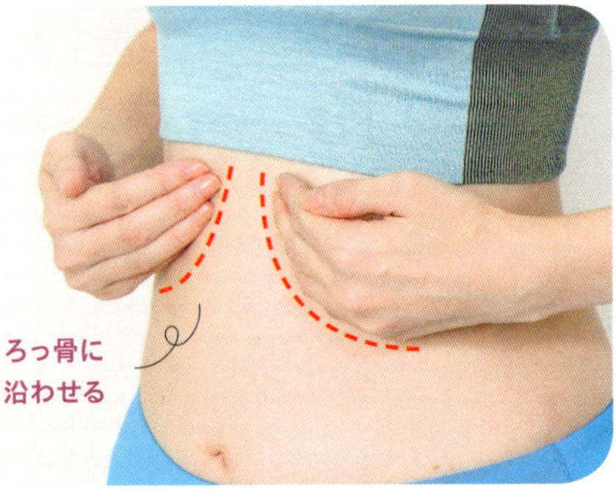

2 息を吐きながら体を45度倒す

両手：各3秒

おなかをへこませながら、ろっ骨の下に指を入れ込むようにして、3秒かけて息を吐きながら体を前へ倒す。**1**、**2**を、ろっ骨に沿ってわき腹まで３カ所行う。

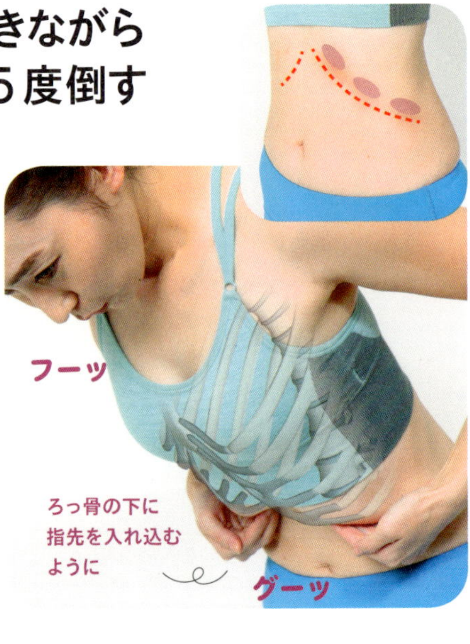

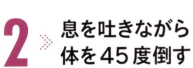

3 わき腹に指を入れて、体を左右に揺らす

左右：交互5回

ろっ骨に沿ったわき腹に4本の指を入れて、息を吐きながら体を左右に揺らし、指に体の重みをかける。

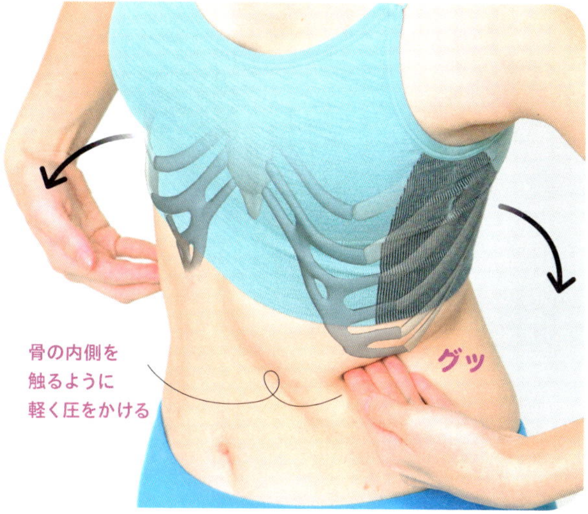
骨の内側を
触るように
軽く圧をかける
グッ

4 わき腹とわきへ老廃物を流す

左右：各5回

ろっ骨に沿って、みぞおちからわき腹へ、
わき腹からわきのくぼみへと手のひら全体でさする。

1　　　　　　　　　2

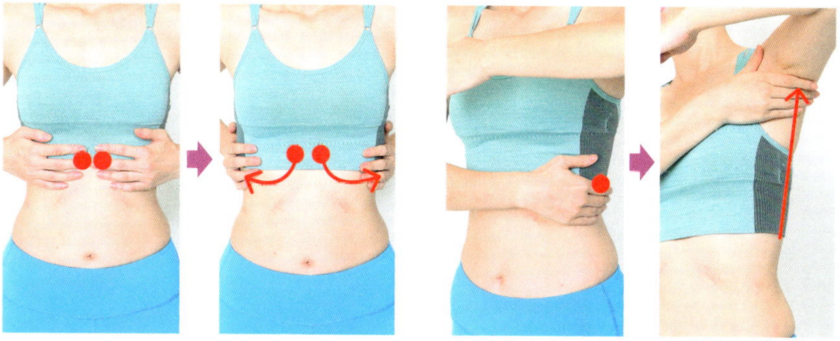

スイッチ 5

おなかのリンパ節

脂肪の代謝を促して
やせ体質になる

|深|部|を|刺|激|

おなかには腰からのリンパ液と、腸から吸収された脂肪分が運ばれます。おなかを刺激して腸のリンパ節を開放すると、脂肪分が体に溜まるのを防ぐことができます。

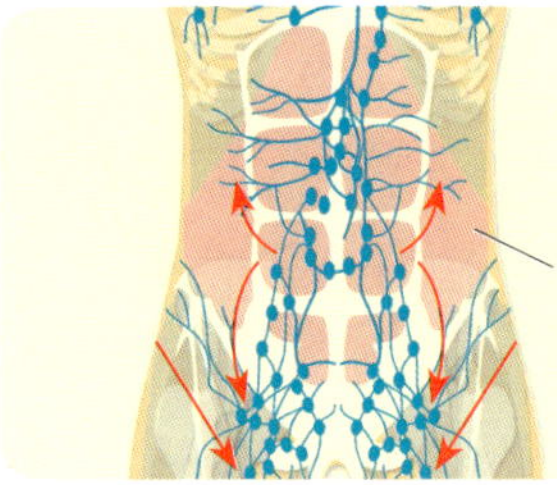
腹横筋

刺激する筋肉・リンパの場所

1 息を吸い、息を止め、おへそを押す

両手 3秒

おへその上に両手を置く。息を吸ってできるだけおなかを膨らませたら息を止め、３秒間おへそに圧をかける。

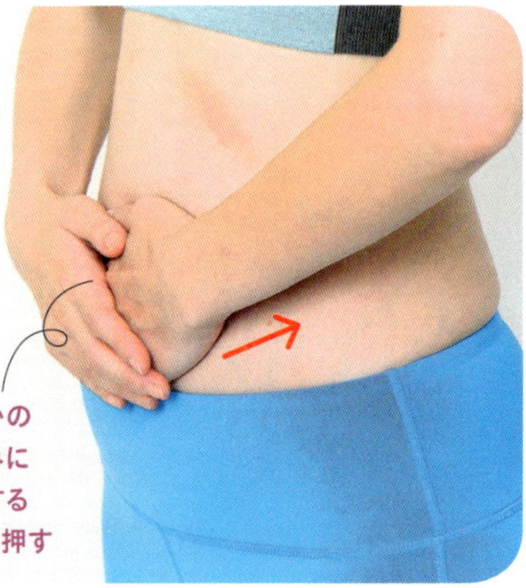
おなかの
膨らみに
反発する
ように押す

2 息を吐きながらおへそを押し、体を倒す

両手 3秒

息を吐きつつ両手でおへそを押しながら、３秒かけて体を前に倒す。

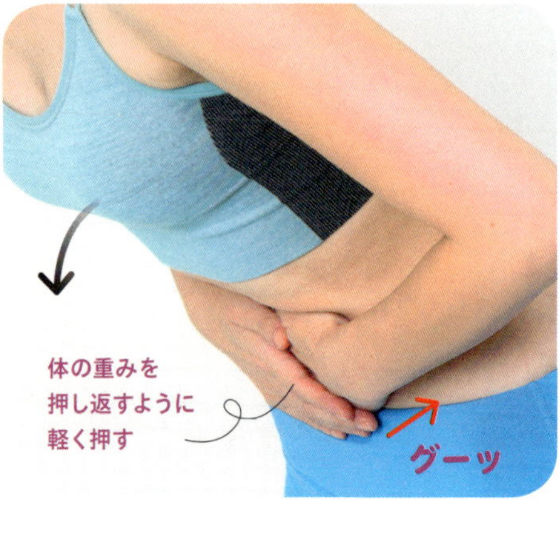
体の重みを
押し返すように
軽く押す
グーッ

3 息を吸いながら、両手でわき腹を押す

両手 3秒

わき腹に手を置く。息を吸いながらできるだけおなかを膨らませたら、両手でおなかの中心に向かって圧をかける。

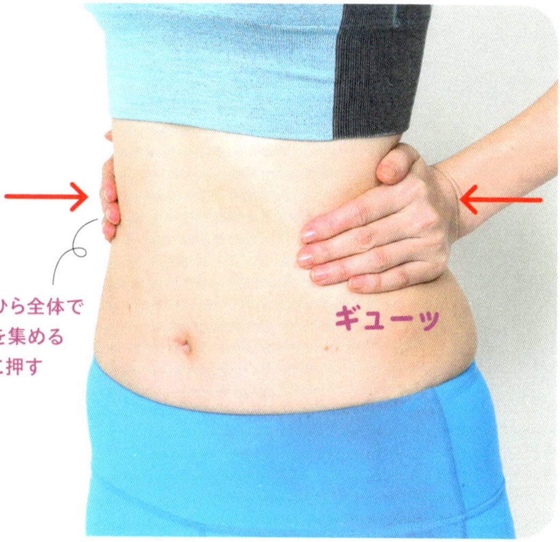

手のひら全体でお肉を集めるように押す

4 わき腹とわき、脚の付け根に老廃物を流す

左右 各5回

おへその上部からわき腹の少し上へ、わき腹からわきのくぼみ、おへその下部から脚の付け根へとさする。

1

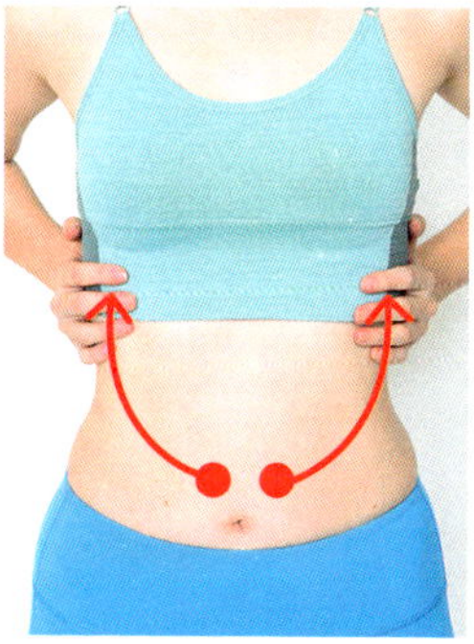

2

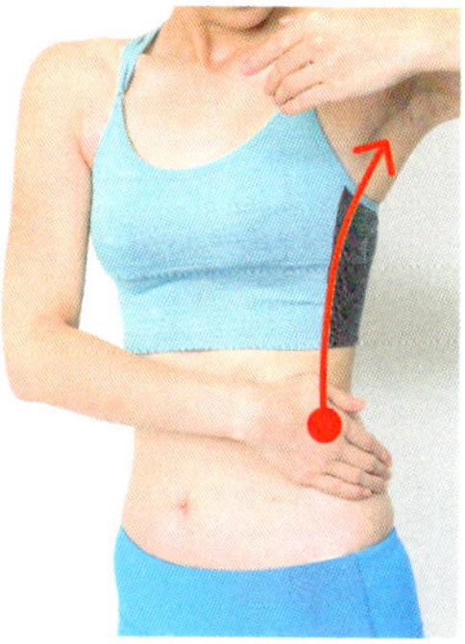

3

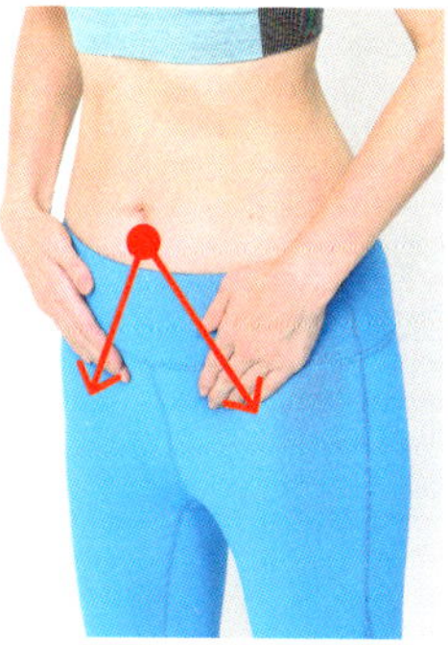

スイッチ 6

腰のリンパ節

締まったくびれをつくる

|深|部 を 刺|激|

腰骨への刺激とともに、腰まわりの筋肉を動かすことで、腰の深部リンパ節を開放します。腰まわりに溜まった老廃物が排出され、ウエストが引き締まります。

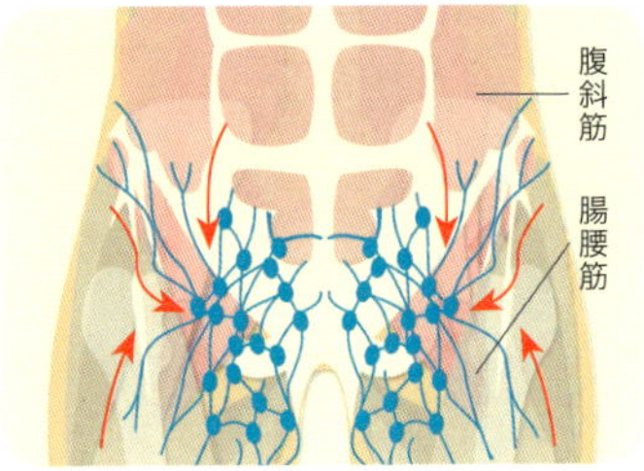

腹斜筋
腸腰筋

刺激する筋肉・リンパの場所

椅子に座るとバランスがとりやすく、指に力を入れやすい。

1 腰骨を押して、左右に体を倒す

左右の腰骨の上に親指を、４本の指を腰骨の下にあてる。親指で骨を押すように圧をかけながら左右交互に体を倒す。

左右 交互 3 秒 × 3 回

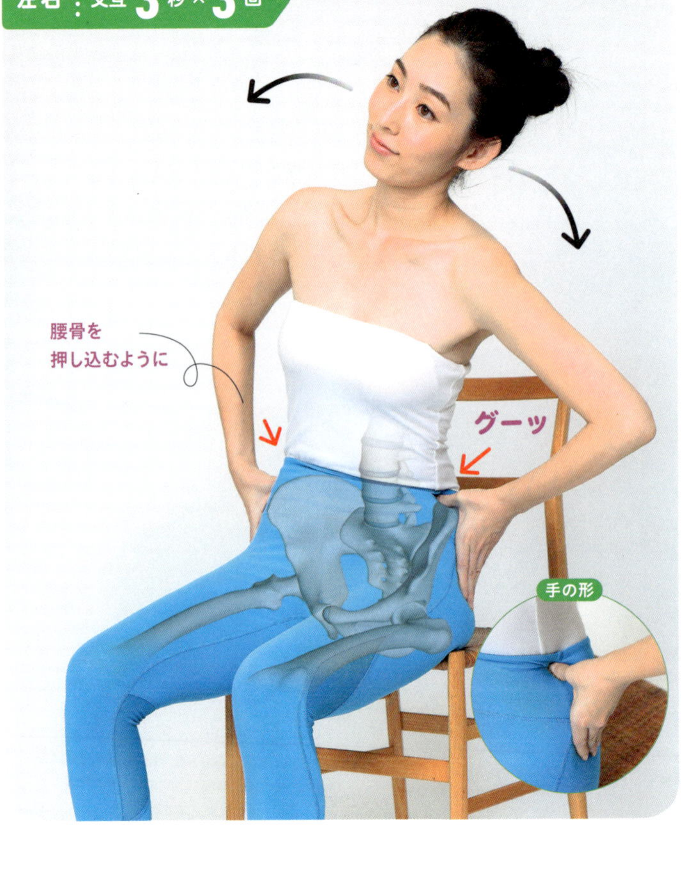

腰骨を
押し込むように
グーッ
手の形

2 腰骨の前側、脚の付け根を押しながら、体を倒す

左右 交互 3秒×3回

腰骨の前側、脚の付け根の2カ所を強く圧迫しながら左右交互に体を倒す。その際、徐々に前かがみに角度を深くしていく。

《腰骨の前側》

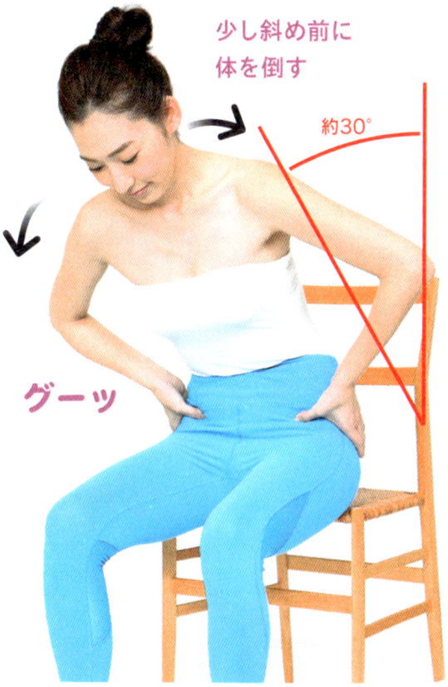

《脚の付け根》

3 脚の付け根に老廃物を流す

両手 5回

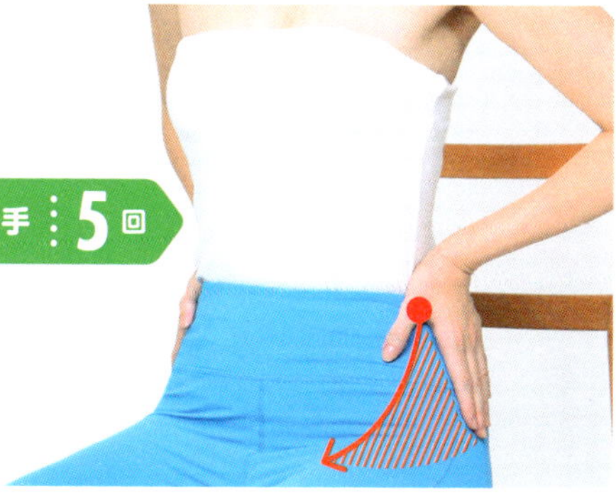

左右の腰骨のあたりに手のひらを当てて、脚の付け根に向かって手のひら全体でさする。

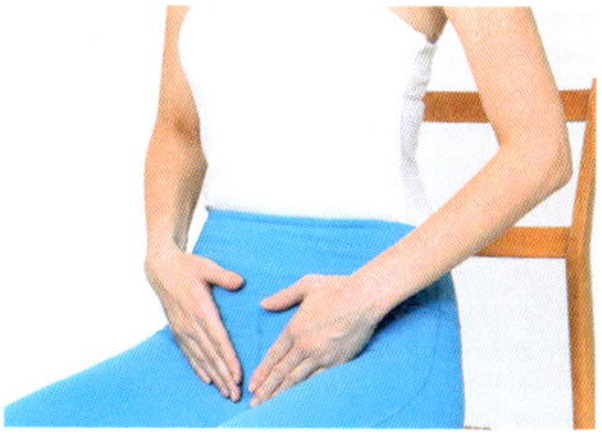

スイッチ 7

脚の付け根のリンパ節

太ももが細くなる

|深|部|を|刺|激|

脚の付け根にあるそけいリンパ節は脚を流れるリンパ液の集合口。脚を上下して筋肉を動かし、深部リンパ節を開放すると、下半身のむくみがスッキリ取れます。

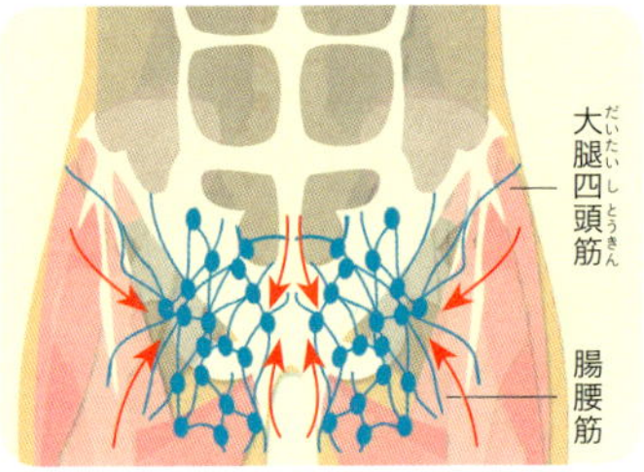

大腿四頭筋《だいたいしとうきん》
腸腰筋

刺激する筋肉・リンパの場所

1 脚の付け根を押して、足踏みする

脚の付け根に親指を置き、太ももの外側の筋肉をつかむようにし1、2、1、2とリズムをとりながら交互に足踏み。親指に力を入れて指をずらしながら4カ所に圧をかける。

両手 各3回

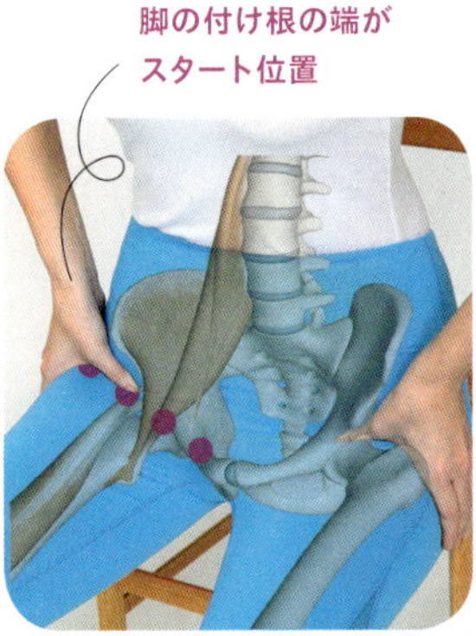

脚の付け根の端が
スタート位置

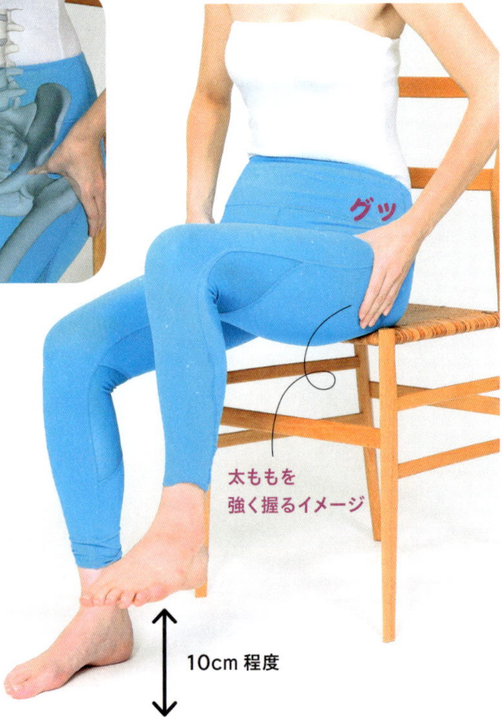

グッ
太ももを
強く握るイメージ
10cm 程度

2 脚の付け根に老廃物を流す

両手：5回 両手を脚の付け根の外側に置き、中央に向けてさする。

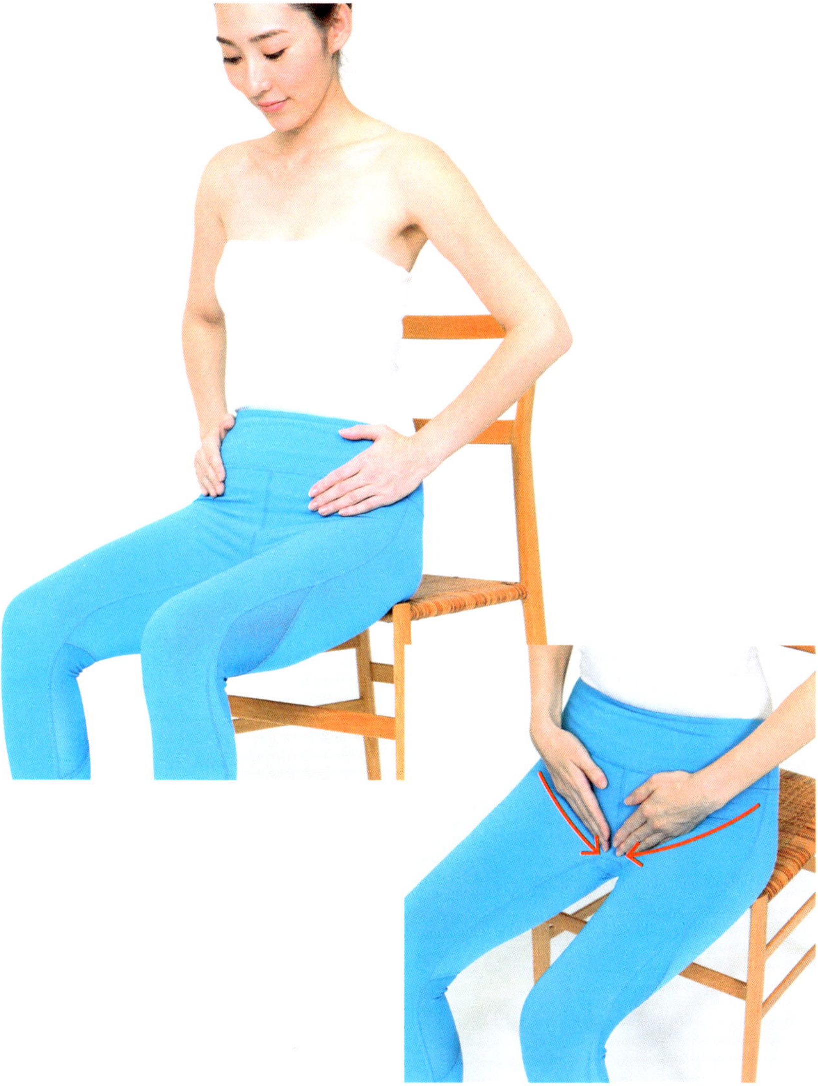

スイッチ 8

ひざの裏のリンパ節

ひざ下のむくみを解消

|深|部 を 刺|激|

ひざから下のリンパ液はひざ裏のリンパ節に集合します。上体を倒してひざ裏を持ち上げるような1の動きが深部を刺激し、水分や老廃物の排出につながります。

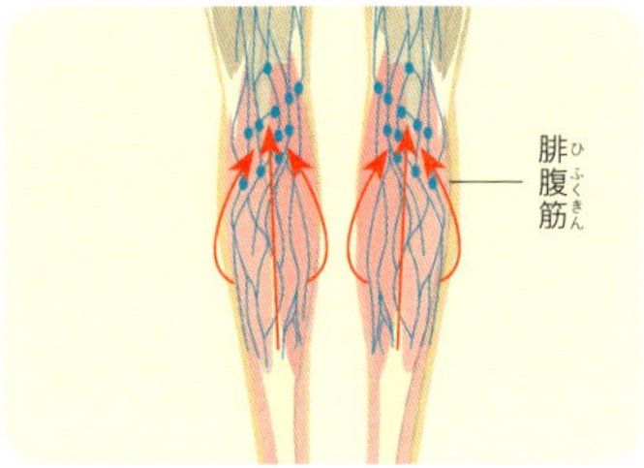

刺激する筋肉・リンパの場所

やりづらい場合は床で行う。

1 ひざをつかんで、体を倒す

親指をひざのお皿の下側に置き、4本の指はひざの裏の筋肉を押すようにグッと押し込む。上体を少し前に倒しながらひざ裏に圧をかける。

左右：3秒×3回

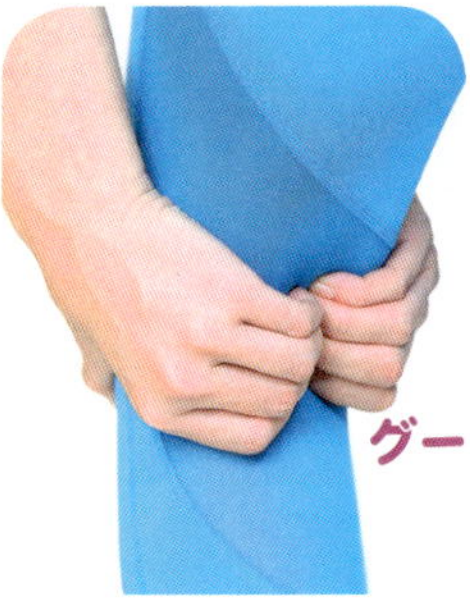

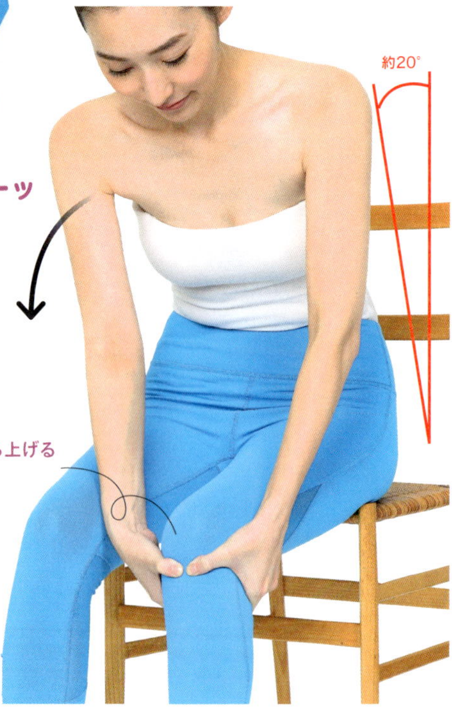

2 ひざ裏に老廃物を流す

左右：各5回

まずはすねからひざの裏、次にアキレス腱からひざの裏に向けて両手の手のひら全体でさする。

1

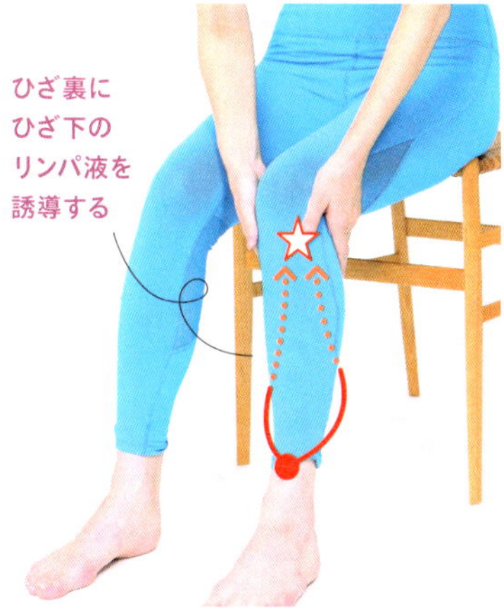

2

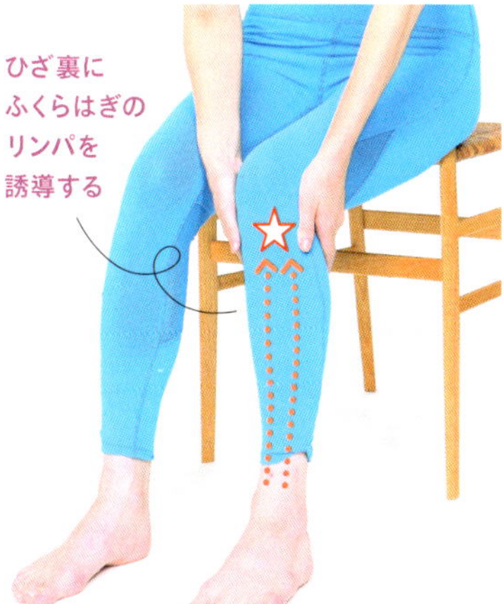

スイッチ 9

足首のリンパ節

キュッと引き締まった足首に!

|深|部|を|刺|激|

足首にある解谿《かいけい》というツボの下を深部リンパ管が走っているため、そこを押しながら足首の筋肉を動かすと、深部に刺激が届き、足先から足首のむくみが解消します。

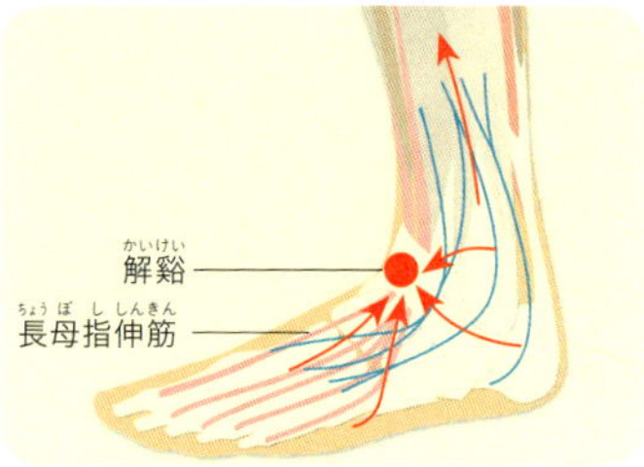

刺激する筋肉・リンパの場所

1 足首を押して、つま先を上下させる

足首の中央、足を上下させるとへこむ部分を両手の親指で押しながら、つま先を５cm程度上げ下げする。

左右 5秒

やりづらい場合は床で行う。

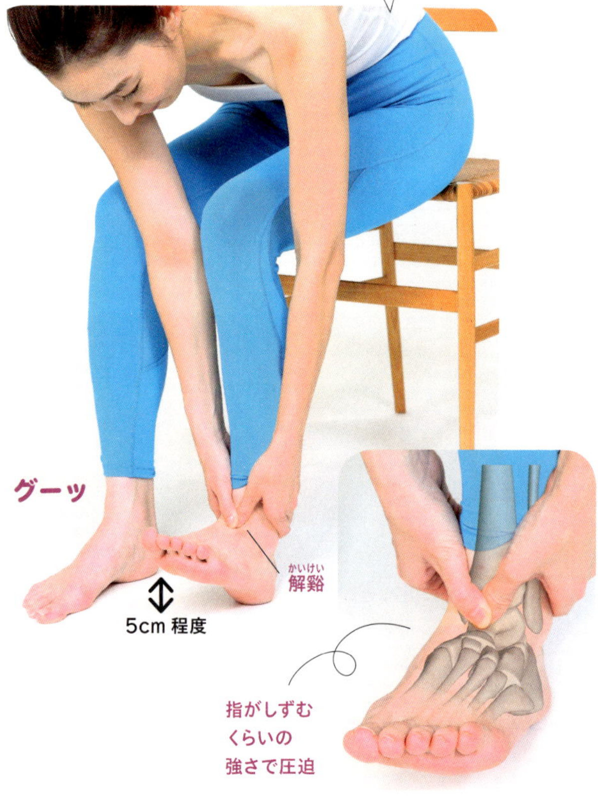

2 足首の付け根に老廃物を流す

左右 各1回

両手を使い、足先とくるぶしから解谿《かいけい》に向かってさする。
左右の手を変えて同様に行う。

1

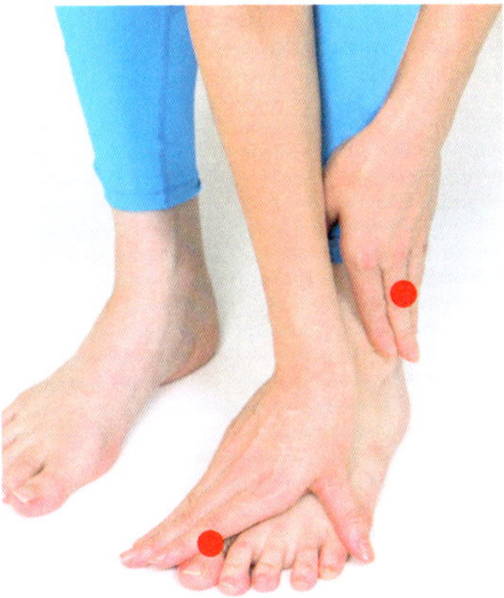

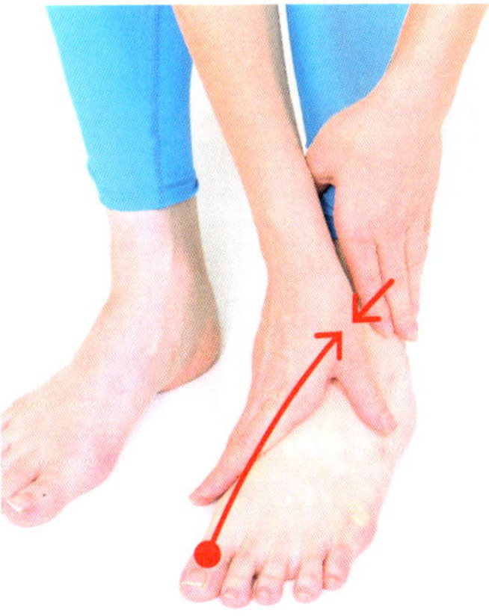

2

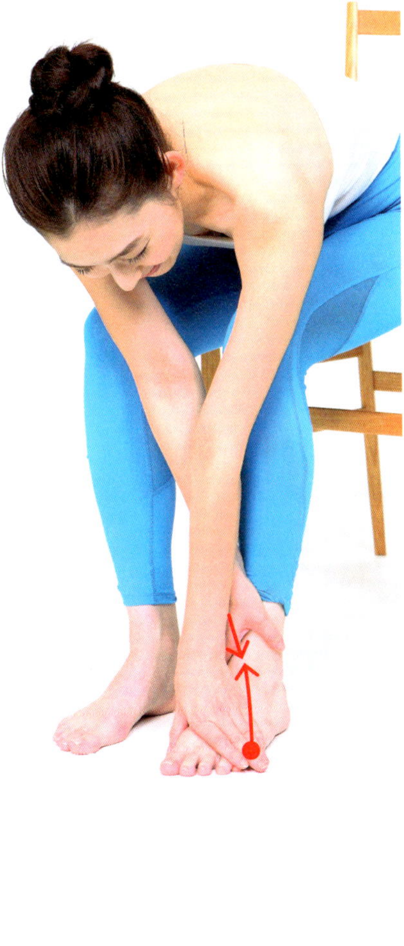

ツマらない体をつくるための どこでも 深部リンパ節開放

老廃物がツマらない体をつくるためには、毎日の深部リンパ節開放が大切ですが、「忙しい」「疲れている」などとできない日もあるでしょう。そんなときは仕事や家事の合間のちょっとした時間を使って行うことができます。

仕事の途中 立ち上がった際に

足首の 深部リンパ節を開放

1 壁に手をつき、脚を前後に開く。

手をついて
バランスをとって
足を開いて立つ

2 足の裏は床につけたまま、前側の脚に体重をかけてアキレス腱を伸ばす。

骨盤はまっすぐに、
床と平行に
膝を曲げる
足首は
伸ばして

ツマらないポイント

デスクワークなどで座りっぱなしの生活の人は、トイレに行くなど立ったタイミングでなるべく深部リンパ節開放を取り入れて。ずっと同じ姿勢でいると、リンパが滞りやすくなります。

仕事の合間

座ったままで

お尻の深部リンパ節を開放

1 椅子に座ったまま、グーにした手をお尻の下に置く。体を左右に動かす。

2 最後にお尻から脚の付け根に向かって老廃物を流す。

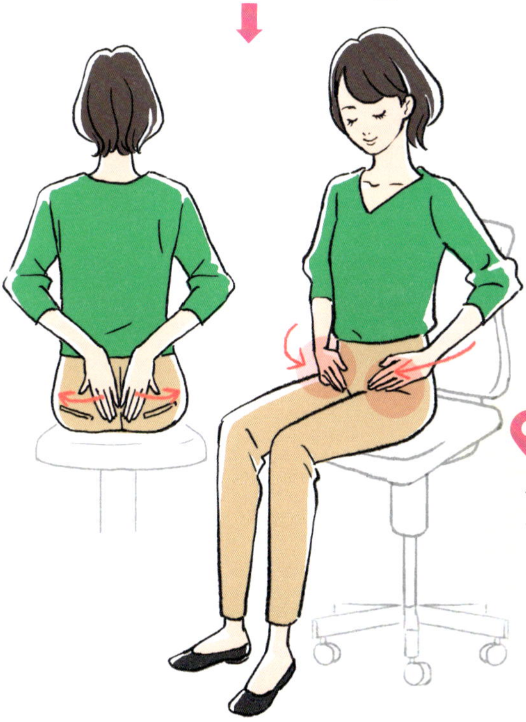

ツマらないポイント

座りっぱなしの時間が長いときは座ったままでもできる深部リンパ節開放を。忙しいときでも、午前、午後と1日2回行うとより効果的です。

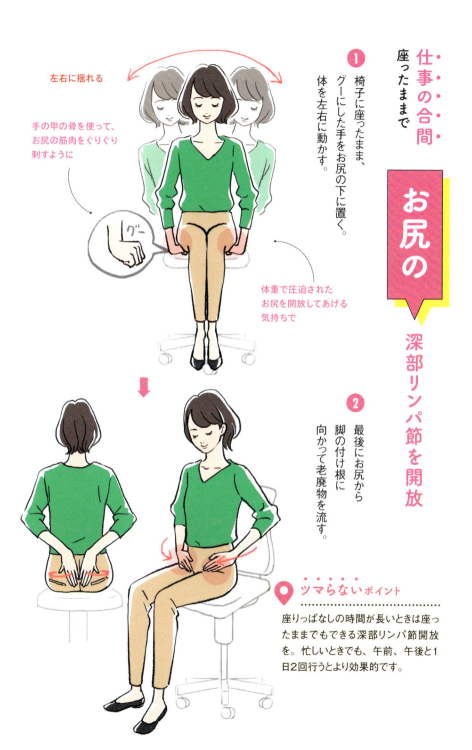

給湯室で
お茶を入れるついでに

わきの深部リンパ節を開放

1 柱などを片手でつかむ。

2 腕に力を入れ、わきや背中まわり、胸が伸びるように意識しながら体を前に倒す。

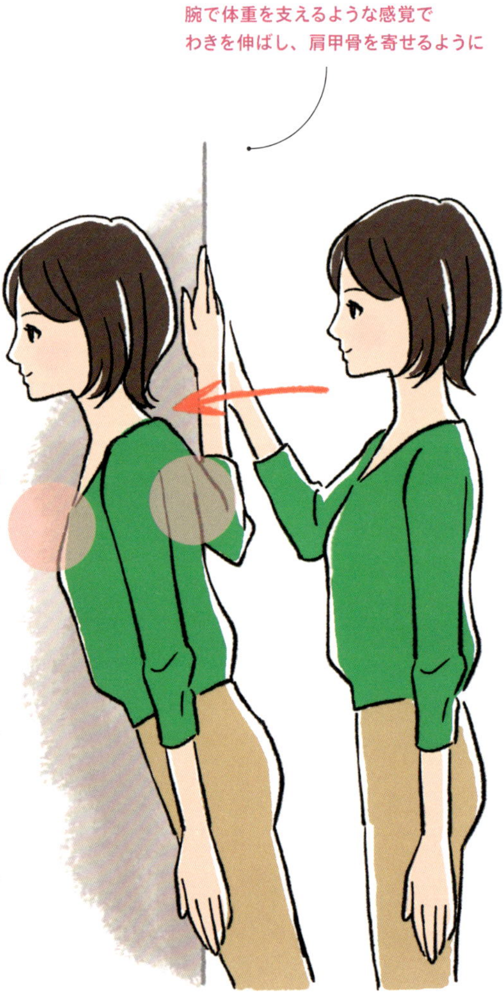
腕で体重を支えるような感覚で
わきを伸ばし、肩甲骨を寄せるように

ツマらないポイント

大きな動きではないので、ちょっとしたスペースを使ってできます。仕事でたくさん使った腕や同じ姿勢でかたまった背中をほぐすような感覚で行うとよいでしょう。

電車の中で つり革につかまって

横隔膜の深部リンパ節を開放

1 つり革を強く握る。

2 肩甲骨を動かすように意識しながら軽く腕を引いて胸を張る。

ツマらないポイント

つり革を握りながら肩甲骨を寄せるように行います。小さなスペースでできる動きですが、まわりに人がいるときは迷惑にならないよう気をつけてください。

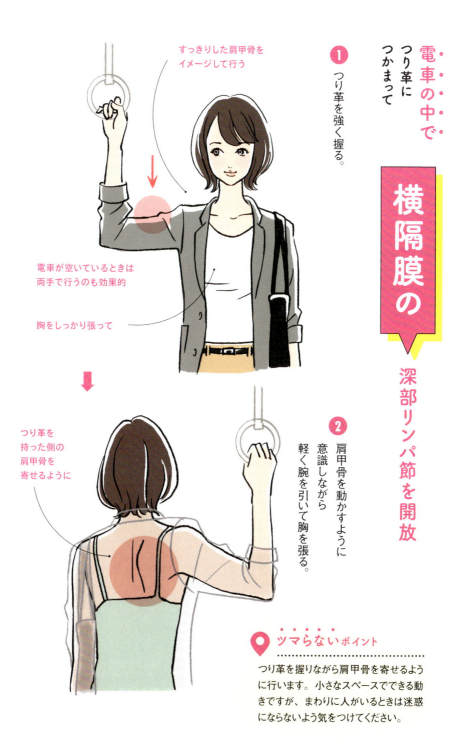

自宅で テレビを見ながら お尻の深部リンパ節を開放

1 横向きに寝て、上側にきた脚のひざを曲げる。

2 握ったこぶしでお尻の横の部分（太ももの付け根あたり）をトントンとたたく。

ツマらないポイント

深部リンパ節開放は寝転がりながらもできます。気が付いたときに少しずつ行うようにしましょう。その積み重ねがツマリを取り除くのです。

CHECK

深部リンパ節開放は特別な道具が必要なく、どこでも手軽にできるところがポイントです。「やらなくちゃ！」と思うのでなく、ちょっとした時間に行う習慣がつけられるといいでしょう。それが老廃物がツマらない体への一歩です。

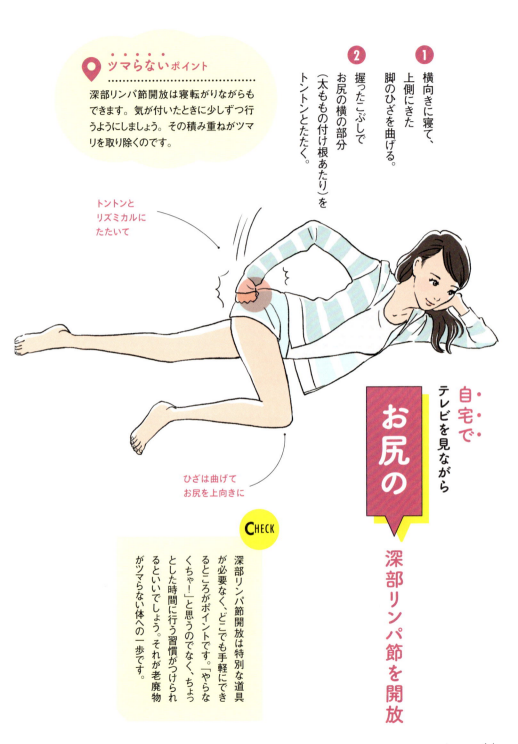

PART
3

気になるポイントを
狙い撃ちする！

やせたい部位の深部リンパ節開放

気になる部分からやせたい人に効果的なマッサージです。
小顔になりたい、ノースリーブが似合う二の腕になりたい、
スキニーデニムを履ける太ももになりたい……など、
多くの人が気になる5つの部位をピックアップしました。

深部を刺激

首には太いリンパ管があります。鎖骨の深部リンパ節を開放してから首を刺激すると、顔を流れるリンパ液が鎖骨に向かって流れ、顔まわりがスッキリします。

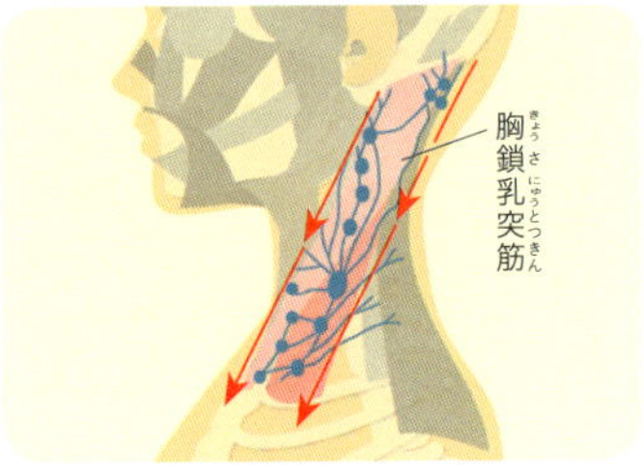

刺激する筋肉・リンパの場所

1 鎖骨のリンパ節を開放する

最初にP42−43の1〜3をやろう！

のどの中央を避けて、あごの下、首の中央、首の付け根の順で3カ所に圧をかける。

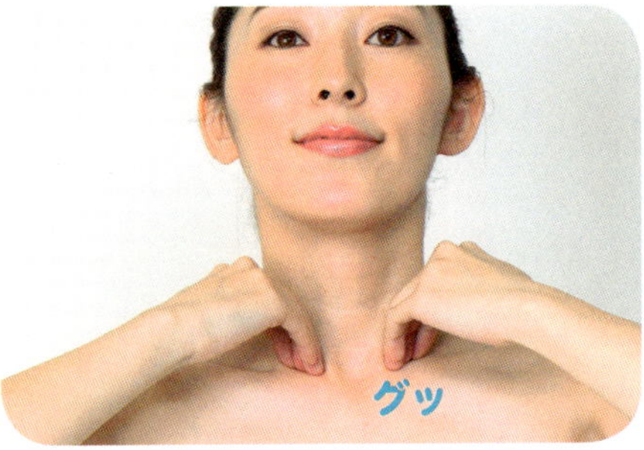

親指と小指以外の3本の指を、鎖骨の上側の骨のキワに置き、垂直に軽く押す。

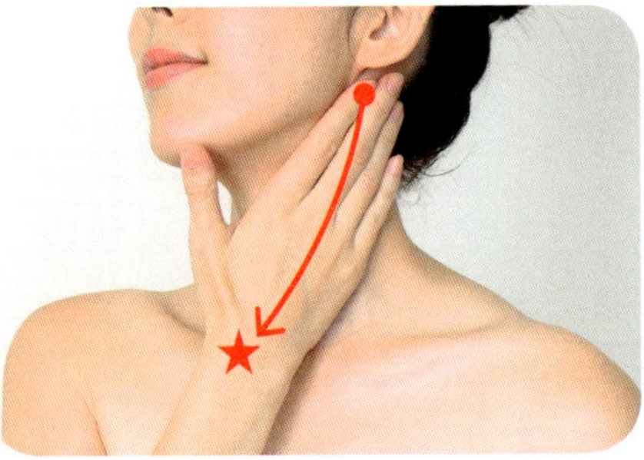

耳の下から、鎖骨と鎖骨の間にあるくぼみに向けて4本の指でさする。

2 頭を傾けて、首をつかむ

頭を傾けて、首の側面にある胸《きょう》鎖《さ》乳《にゅう》突《とつ》筋《きん》を上から下に向かって３カ所つかむ。一番上の部分は強めにつかみ、鎖骨に近づくほど軽い圧でつかむ。

左右 各3秒

頭を傾けると
首の筋肉が出てきて
つかみやすくなる

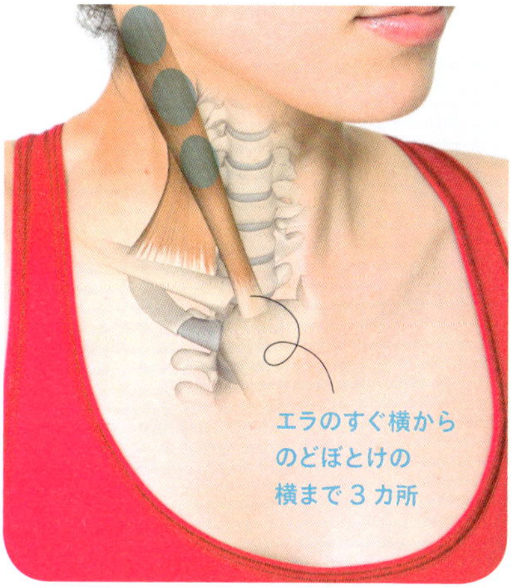
エラのすぐ横から
のどぼとけの
横まで３カ所

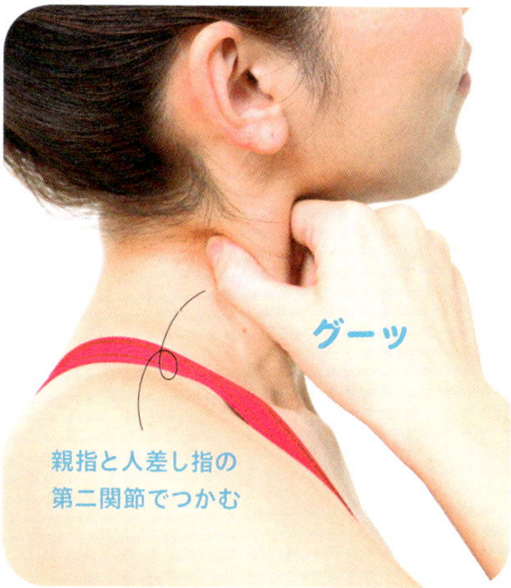
グーッ
親指と人差し指の
第二関節でつかむ

3 頭のうしろを押して、頭を抱える

耳のうしろ辺り、頭の付け根の凹んでいる部分を親指で深く押し、残りの４本の指は頭を支える程度に軽く添える。

両手：3秒×3回

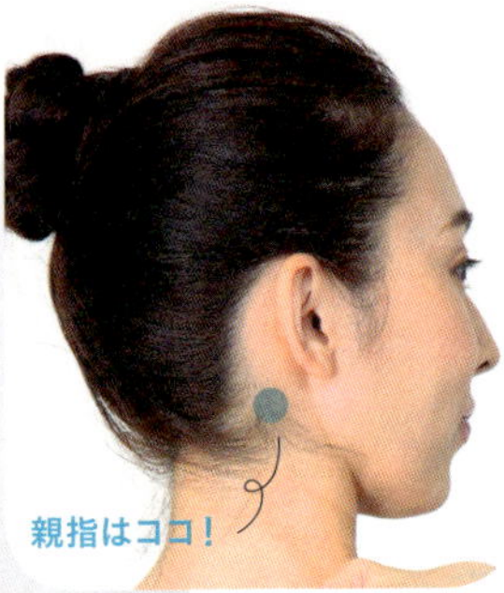
親指はココ！

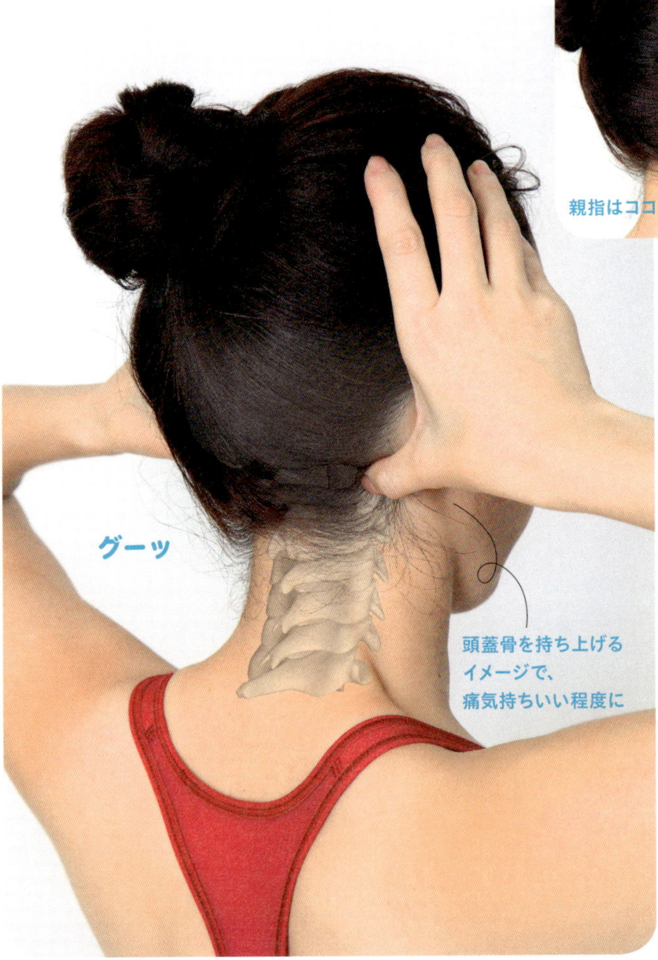
グーッ
頭蓋骨を持ち上げるイメージで、痛気持ちいい程度に

4 耳前と鎖骨に老廃物を流す

左右 5回

顔のリンパを耳の前に流すイメージで、額、目元、頬、口元から耳の前に向かって順にさする。次に、耳元に流した老廃物を鎖骨へ流すように、耳の前から鎖骨へ向けてさする。

1

額

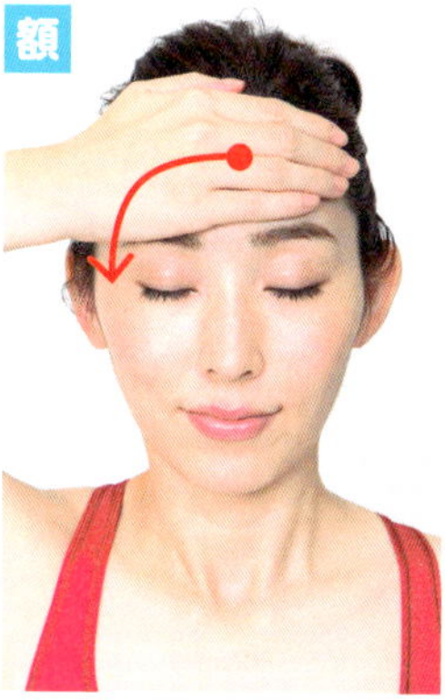

2

目元

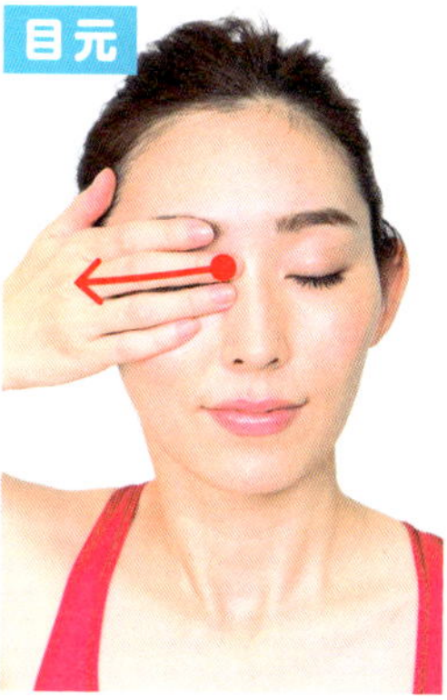

3

頬

4

口元

5

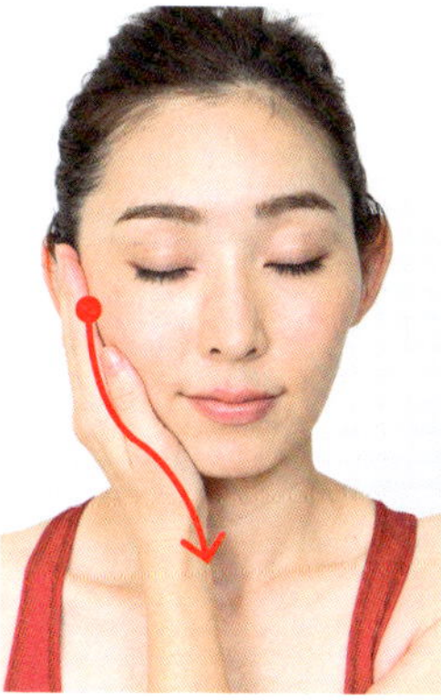

反対側も同様に

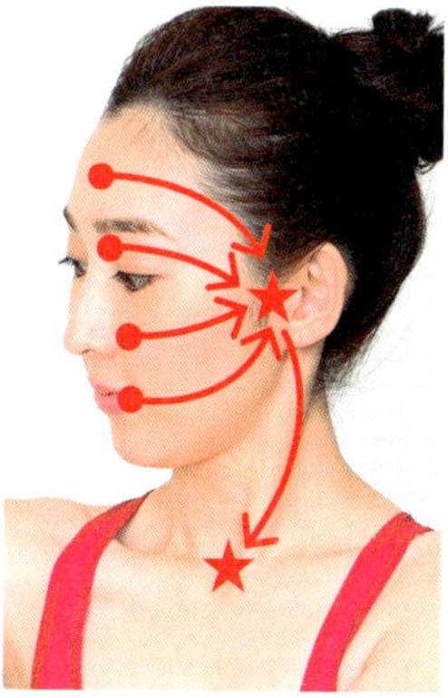

顔の半分を流したら、反対側も同じようにさする。

部分やせ 2

二の腕

腕に溜まった脂肪の代謝を促進
たるみを撃退！

| 深 | 部 を 刺 | 激 |

わきの下の深部リンパ節を開放してから二の腕を刺激することで、二の腕からわきに老廃物が流れやすくなり、脂肪が溜まらないスッキリとした腕になります。

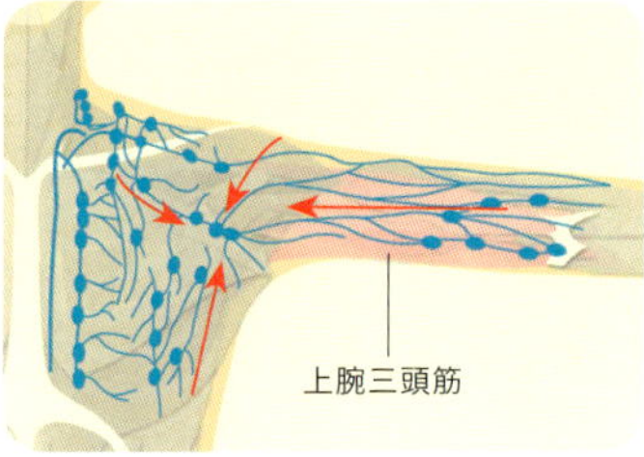

刺激する筋肉・リンパの場所

1 わきの下のリンパ節を開放

最初にＰ46－47の
1～4をやろう！

1

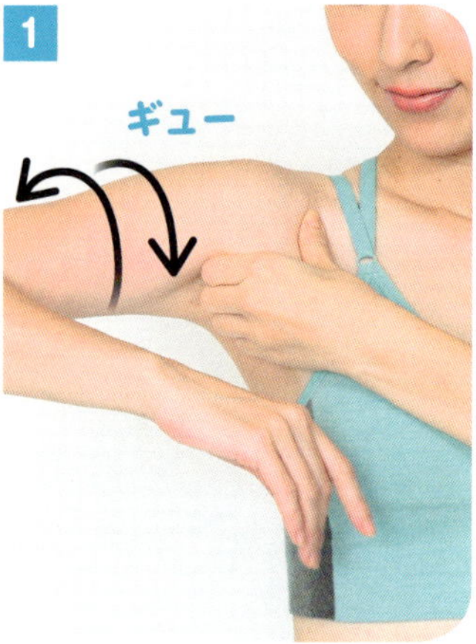

わきの内側をつかみ、腕を回す。

2

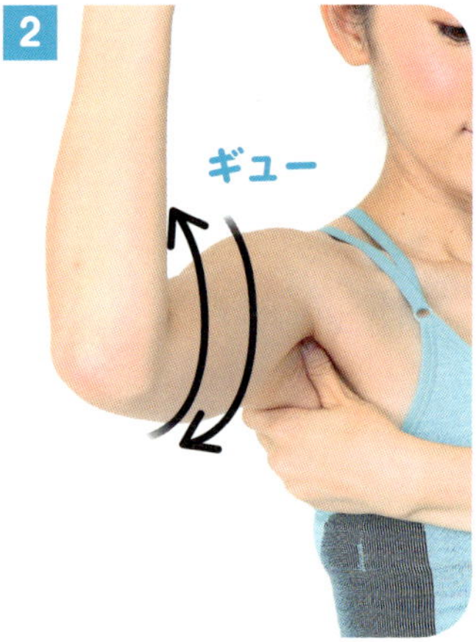

わきの外側をつかみ腕を回す。

3

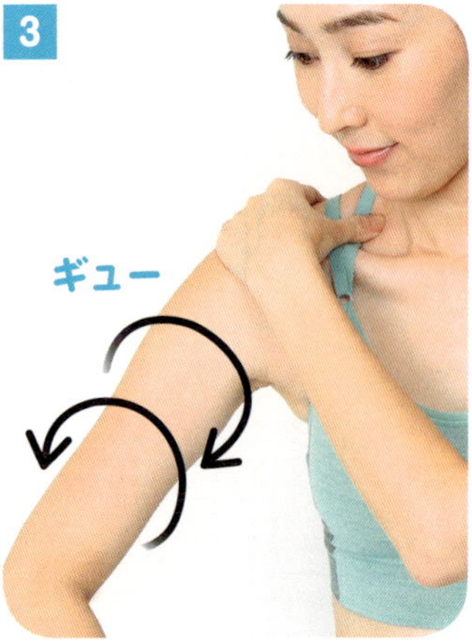

肩をつかみ腕を回す。

4

わきと鎖骨に老廃物を流す。

2 二の腕をつかみ、ひじを曲げ伸ばす

両手 ⋮ 各3秒×3回

ひじを直角に曲げて肩の高さまで上げ、わきの近くを親指と人差し指で強く圧迫しながらひじを曲げ伸ばす。わきからスタートし、ひじまで5カ所に圧をかける。

筋肉を
つぶすように
ギューッ
3 秒圧をかけたら
指を離して次のポイントへ

3 わきに老廃物を流す

左右 ⋮ 各5回

ひじからわきのくぼみに向けてさする。

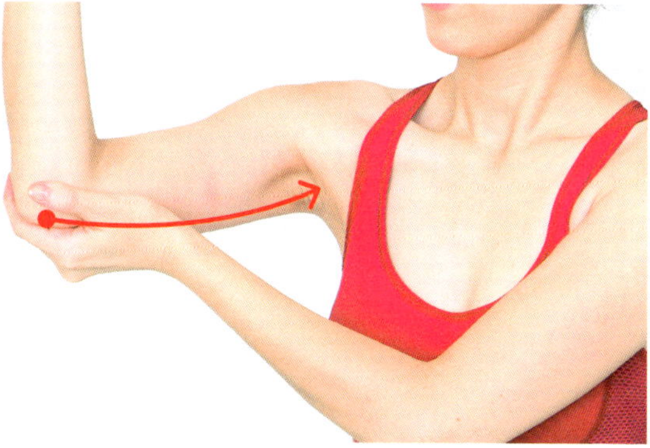

部分やせ 3

お尻

滞りがちなリンパ液を流して下がったお尻を引き上げる

|深|部|を|刺|激|

お尻は脂肪が多く筋肉も重なり合っているためリンパ液が滞りがち。脂肪の下にある筋肉を刺激して深部リンパ節を開放すると、老廃物が流れヒップアップします。

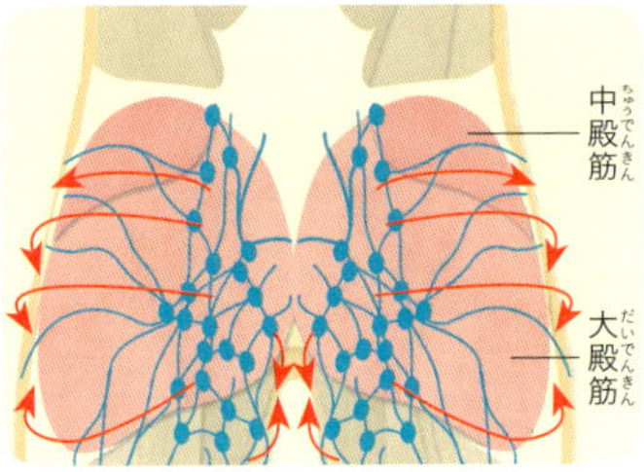
中殿筋《ちゅうでんきん》
大殿筋《だいでんきん》

刺激する筋肉・リンパの場所

1 お尻をつかみ、体を倒す

体を少し前に倒し、太ももの境目からお尻をつかむ。指に力を入れてお尻を持ち上げるように圧迫しながら、5秒かけて体を直角になるまで倒す。

両手 5秒

直角になる
まで倒す
お尻下の
丸みの中央を
つかむ
指を
食い込ませる
イメージ
ギューッ

2 足踏みしながら お尻をたたく

両手 ⋮ 左右交互に 10 回

足踏みをしながら、お尻全体をまんべんなくこぶしでたたく。脚を上げてから、上げたほうのお尻をたたくとリズムがとりやすい。

ドン
ドン
お尻の奥の筋肉まで
振動が伝わるように強めに

3 腰骨と脚の付け根に老廃物を流す

両手の小指をお尻の中心で合わせ、腰骨に向かってお尻全体を手のひらでさする。次に脚の付け根を太ももの外側から内ももに向かってさする。

1

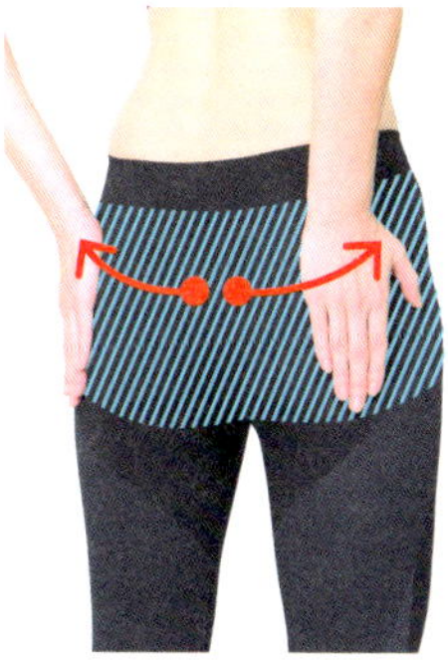

2

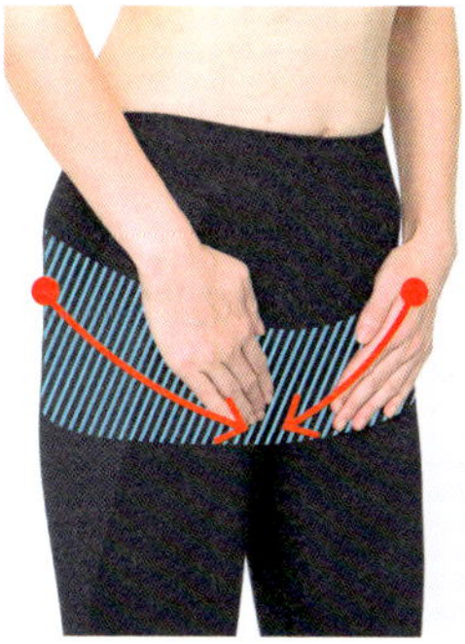

内ももの脂肪を流して
太ももの間にすきまをつくる

|深|部|を|刺|激|

脚の付け根の深部リンパ節を開放し、次に太ももの内側を刺激します。太ももは特に老廃物の溜まりがちな箇所なので、老廃物を流すことで太ももがスッキリします。

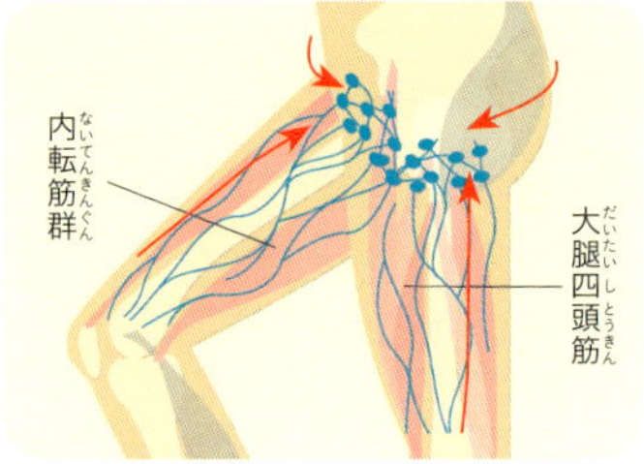
内《ない》転《てん》筋《きん》群《ぐん》
大《だい》腿《たい》四《し》頭《とう》筋《きん》

刺激する筋肉・リンパの場所

1 脚の付け根のリンパ節を開放

最初にP 54－55の1～2をやろう！

グッグッグッグッ
太ももを
強く握るイメージ
10cm 程度

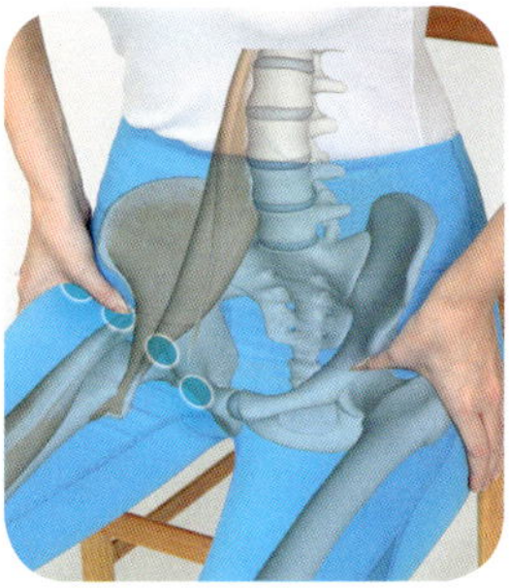

脚の付け根を
押して、足踏みする。

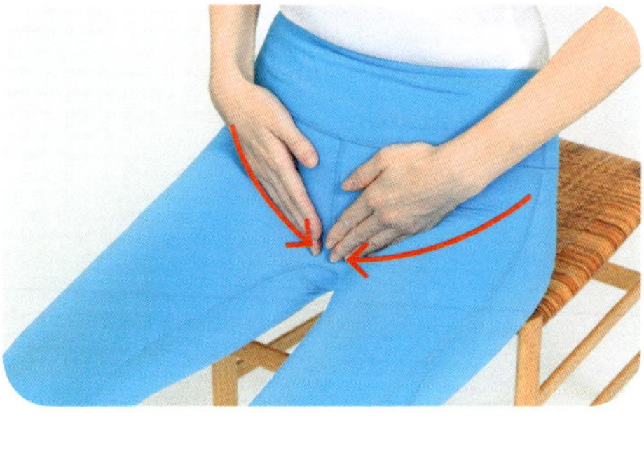

脚の付け根に老
廃物を流す。

2 かかとを上げて太ももの内側をつかみ、脚を開閉する

左右 4回

かかとを上げたまま、太ももの内側の筋肉を両手でつかむ。
つま先の位置はそのままでひざを内側に倒し、元に戻す。
これを１セットとし、ひざまで４カ所に分けて４セット行う。

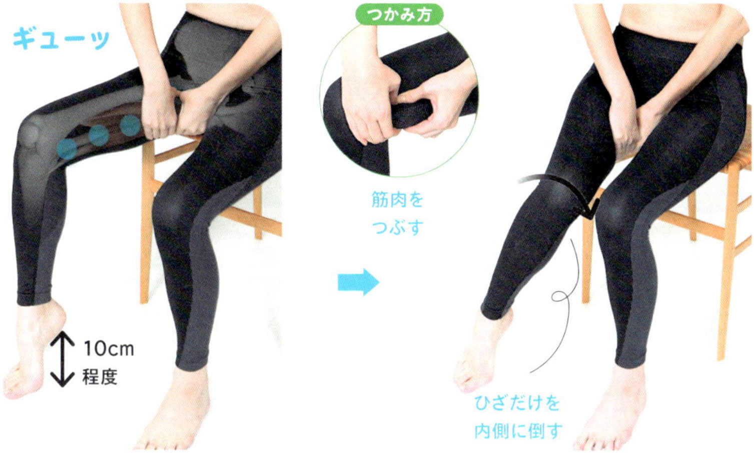
ギューッ
10cm
程度
つかみ方
筋肉を
つぶす
ひざだけを
内側に倒す

3 内ももと脚の付け根に老廃物を流す

左右 5回

ひざの内側から太ももの内側をさすり、
次に脚の付け根を内もも側から外側に向かって両手でさする。

1

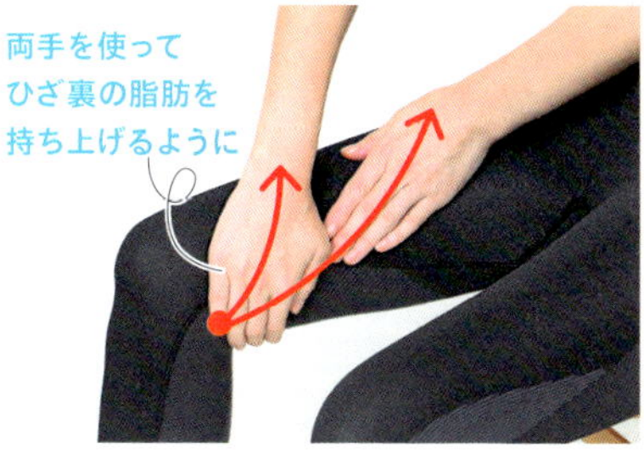
両手を使って
ひざ裏の脂肪を
持ち上げるように

2

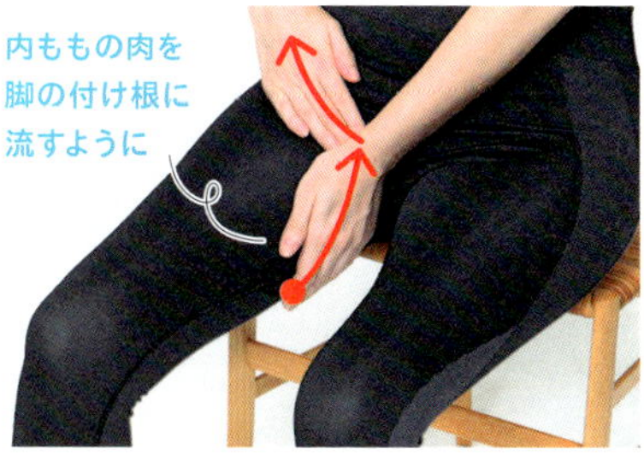
内ももの肉を
脚の付け根に
流すように

|深|部|を|刺|激|

ひざ裏からふくらはぎの順で深部リンパ節を開放すると、ひざ裏にふくらはぎのリンパ液が流れ込み、むくみが解消。余分な脂肪も流れ、キュッと締まった脚になります。

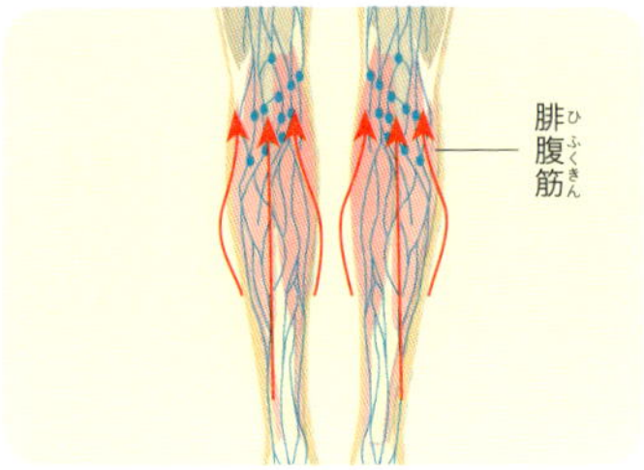

刺激する筋肉・リンパの場所

1 ひざ裏のリンパ節を刺激

ひざをつかんで、
体を前に倒す。

最初にP 56－57の1～2をやろう！

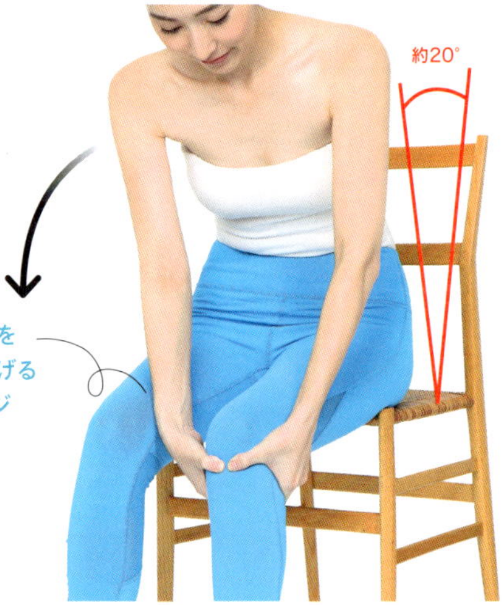

ひざ裏に老廃物を流す。

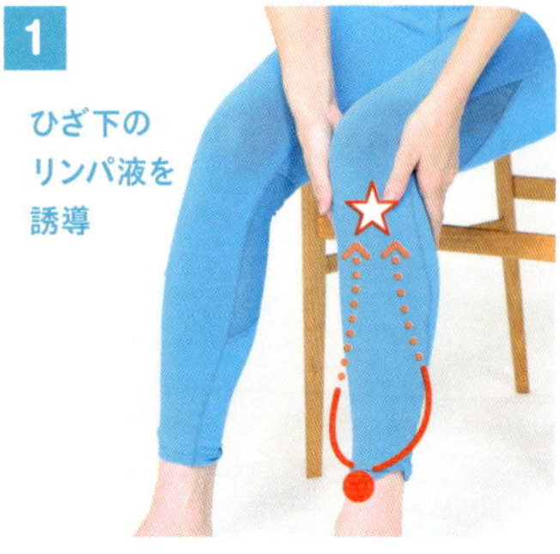

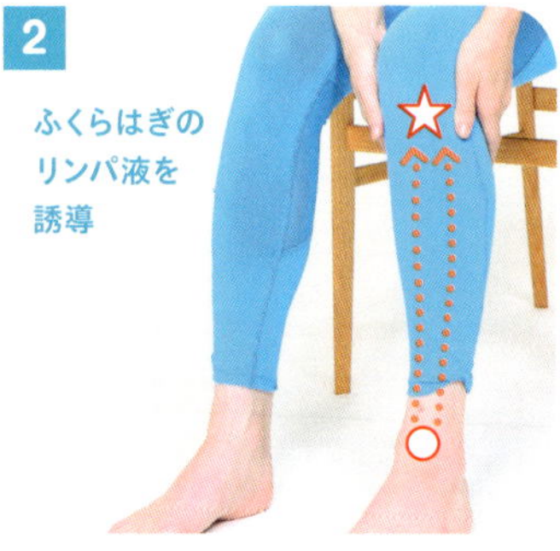

2 ふくらはぎをつかんでつま先を上下する

左右 各5秒

両手でふくらはぎの筋肉をつぶすようにつかむ。つま先を上下しながら、ふくらはぎの上部からアキレス腱まで5カ所に圧をかける。

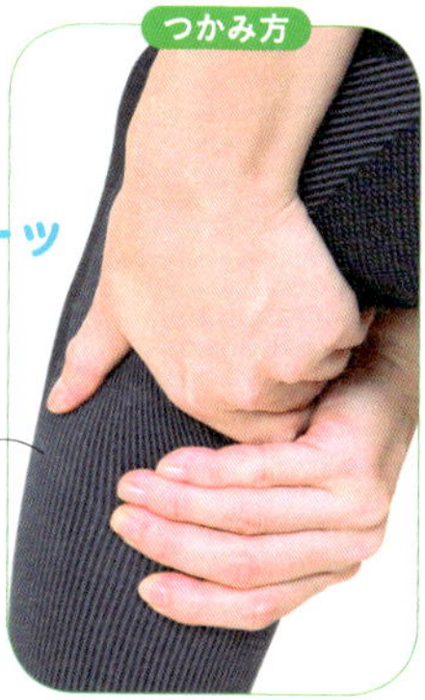
つかみ方
ギューッ
４本の指と親指の付け根で筋肉をつぶすように

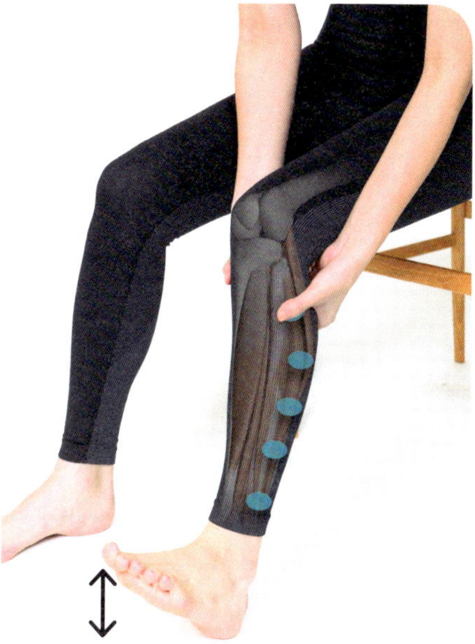

3 ひざ裏に老廃物を流す

両手 5回

アキレス腱から
ひざ裏へ向かってさする。
両手の手のひらで包むようにし、
右手と左手で交互にさする。

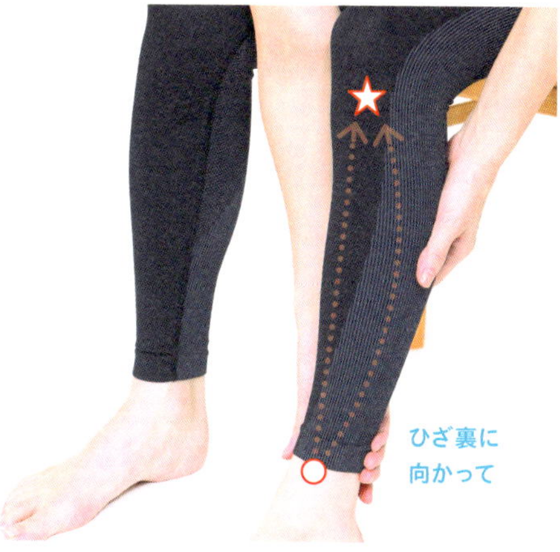
ひざ裏に
向かって

COLUMN

筋トレだけでは キレイな体はつくれない？

ほどよく筋肉がついていて絞れたボディに憧れる人は多いでしょう。しかし、筋力トレーニングには気をつけたい点があります。それは、老廃物がツマりやすく、肌の潤いが奪われやすい体になってしまうということです。

ハードな筋トレは筋肉の収縮と弛緩を繰り返し、動脈が血液を流す動き（拍動）を大きくします。それによって血行が促進され、老廃物が排出しやすくなります。同時に大量の汗をかくので、これも老廃物の排出を促します。ここまではよい効果のように思えるのですが、リンパがツマった体では、大量に出た老廃物を十分に排出できず、よりツマりを加速してしまうのです。

また、老廃物が通常より多く出ていると体内に留まり、コリや筋肉痛を招いたり、肌のハリや弾力をつくるコラーゲンやエラスチンができづらくなったりします。

キレイなボディメイクを実現するためには、筋トレの前後に深部リンパ節開放をして、老廃物が停滞することを防ぎましょう。肌の血行をよくするためには、ウォーキングなどの有酸素運動も大切です。

大量の汗は肌の皮脂を奪ってしまいます。お風呂に入った後はローションなどで油分を補うようにし、キレイなボディをつくっていきましょう。

PART 4

やせるだけではない！
エイジングケアの効果

キレイをつくる深部リンパ節開放

体の老廃物を排泄していく深部リンパ節開放では、
やせるだけでなく、同時にキレイになる効果もあります。
肌荒れやたるみ、シワなどの予防・改善のほか、バストアップも可能です。
ちょっと時間ができたときなどにも取り入れてみてください。

美肌効果

顔まわりの老廃物を流し 肌にハリとツヤを出す

|深|部を刺|激|

髪の生え際を押して頭部の深部リンパ節を解放。髪をつかんで頭皮を浮かせ、深部に刺激を届けます。顔まわりの老廃物を流すことが美肌への近道です。

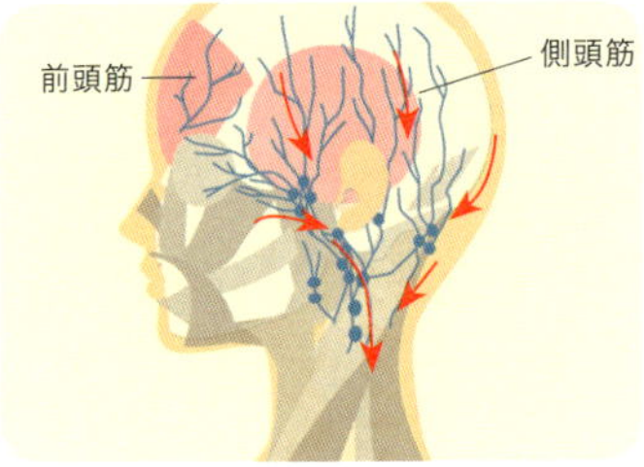
前頭筋
側頭筋

刺激する筋肉・リンパの場所

1 「アー」と言いながら、耳たぶを引っぱる

最初にP44の1をやろう！

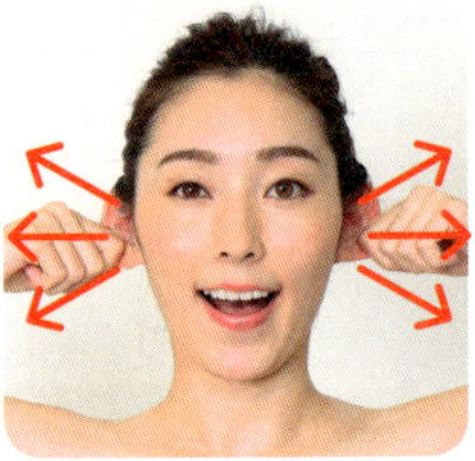

2 あごを引いて、髪の毛の生え際を押す

両手：各3秒

額の上部・耳の上・耳の裏の順で3カ所の生え際に骨を押すようにして圧をかける。

グーッ
親指以外の
4本の
指で

グーッ
頭がい骨を
持ち上げる
ように

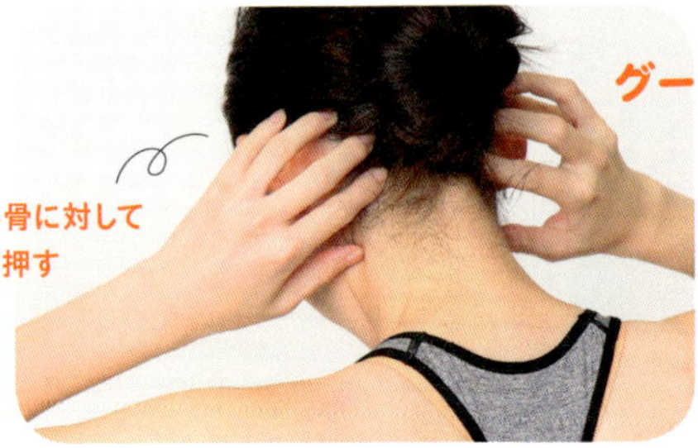
グーッ
頭がい骨に対して
垂直に押す

3 側頭部の髪の毛をギュッっとつかむ

両手 5秒

耳の上から頭頂部まで３カ所を等間隔でつかんでひっぱる。

ギューッ
頭皮を
浮かせるように
ひっぱる

3 鎖骨に老廃物を流す

左右 各5回

首のうしろから鎖骨に向かって両手でさすり、次に耳の下から鎖骨に向かってさする。

1

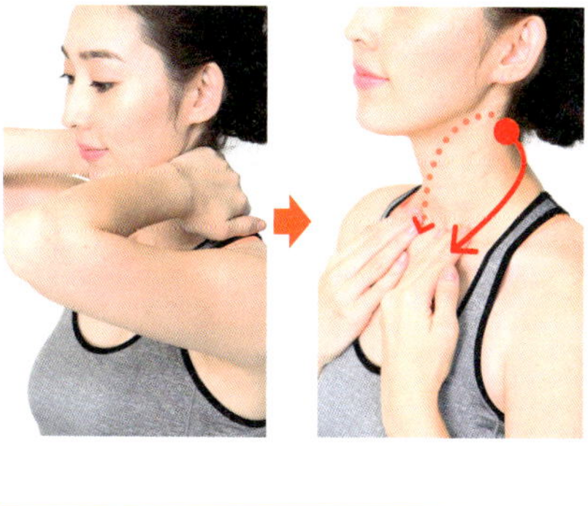

2

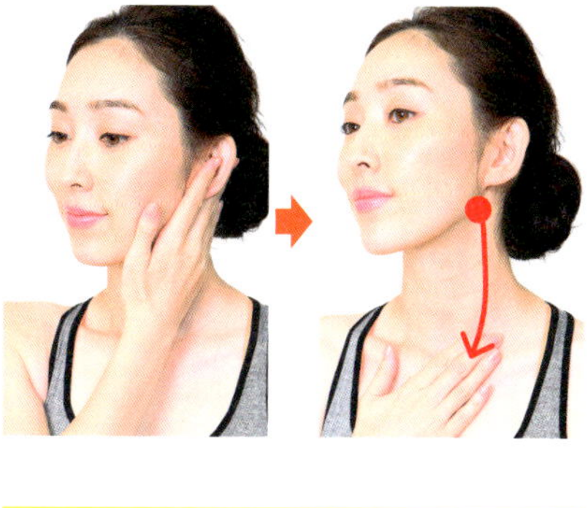

キレイづくり 2

あごの引き締め

あご下の老廃物を流して
二重あごとたるみを撃退

|深|部|を|刺|激|

表情筋が衰えると老廃物や脂肪があご下に溜まりがちに。耳前の深部リンパ節を開放し、あご下の脂肪を刺激するとたるみが解消。表情筋アップにもつながります。

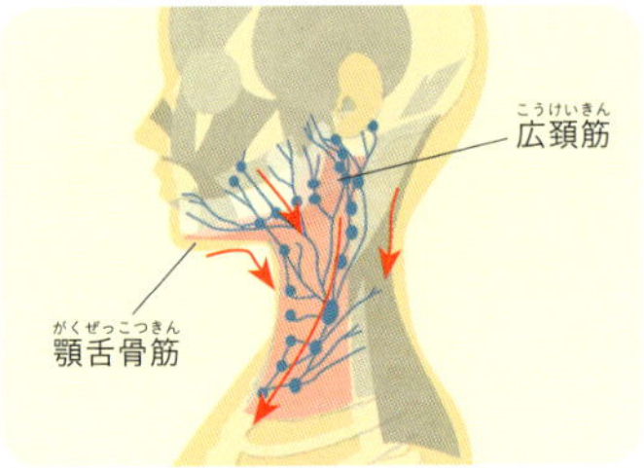

広頚筋《こうけいきん》
顎舌骨筋《がくぜっこつきん》

刺激する筋肉・リンパの場所

1 「アー」と言いながら、耳たぶを引っぱる

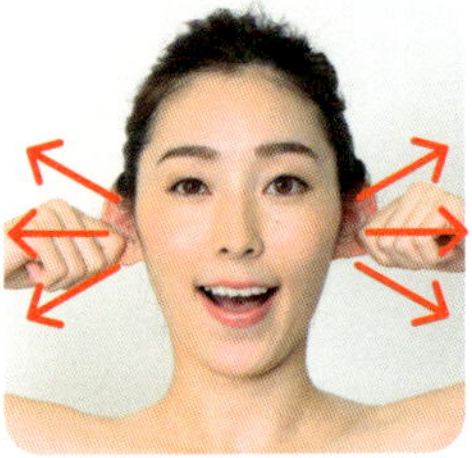

最初にP44の1をやろう！

2 あごを引いてあご下の肉をつかみながら「イー」と言う

両手：各3秒

人差し指と親指であご下の肉をつかみ、声を出しながらあご先から耳の下まで3カ所をつまむ。

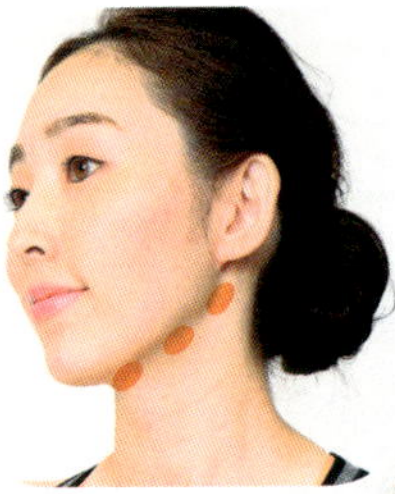

ギューッ
あごの下の
たるみを
根こそぎつまむ

3 耳の下と鎖骨に老廃物を流す

左右 各5回

あご先から耳の下までさすり、次に耳の下から鎖骨まで、
指をフェイスラインに密着させ、首の前を通りながらさする。

1

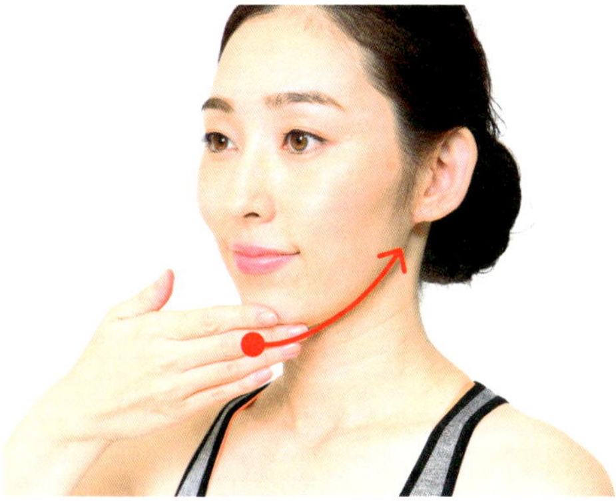

2

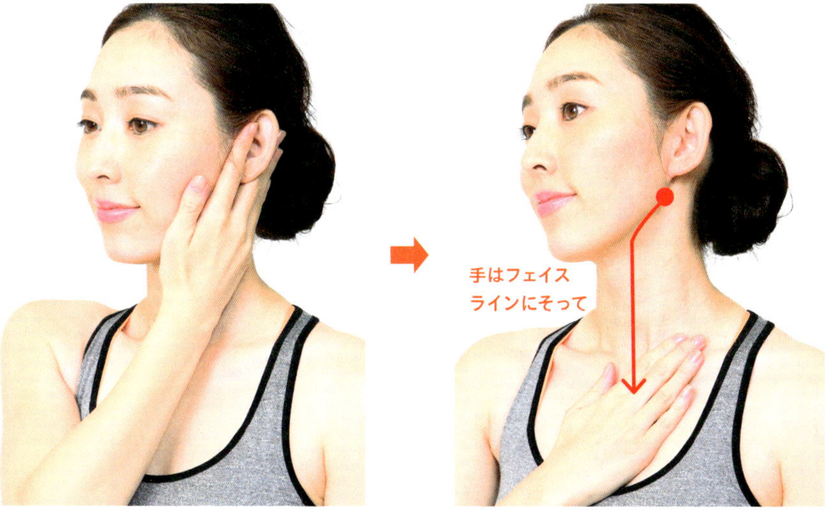
手はフェイス
ラインにそって

キレイづくり 3

首のシワ取り

首まわりの老廃物を流して
首元のハリを取り戻す

|深|部|を|刺|激|

首のリンパ液の流れが悪くなると、皮膚がたるみ、シワの原因に。あごと鎖骨を刺激して首まわりの深部リンパ節を開放すれば、たるみが取れシワが薄くなります。

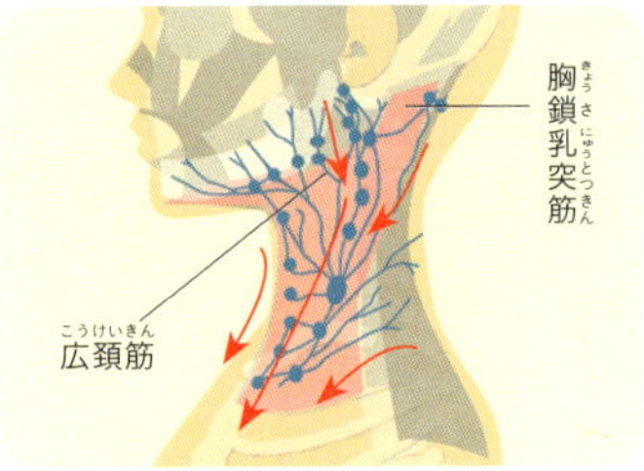
胸鎖乳突筋《きょうさにゅうとつきん》
広頸筋《こうけいきん》

刺激する筋肉・リンパの場所

1 両手親指であご先を持ち上げ、耳の下まで親指を移動させる

両手 5秒

あごを持ち上げたら、親指と人差し指であごの骨をつかみ、あご下から耳の下まで5秒かけて手を移動させる。

あごの骨を
指でしごくように
老廃物を流す
グイーッ

2 チョキにした指で鎖骨を挟み、肩に向かって指を移動させる

左右 3回

右の鎖骨は左手、左の鎖骨は右手で挟む。鎖骨中央のくぼみから鎖骨終点まで指を移動させる。

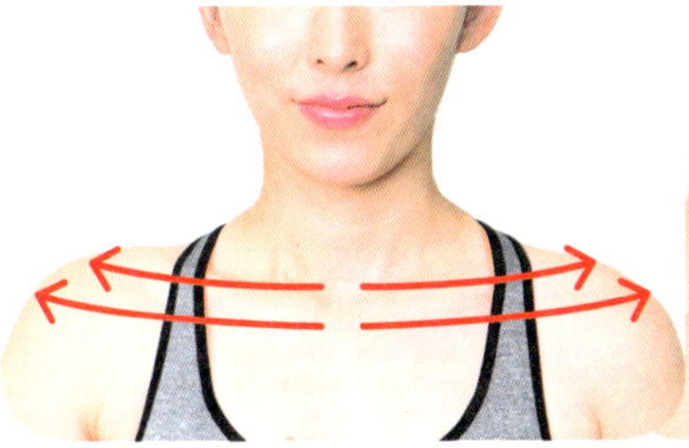

鎖骨を掃除する
ように骨のキワに
深く指を入れる
グイーッ

3 鎖骨とわきに老廃物を流す

左右 交互 5回

耳の前から首の前側を通り鎖骨の下、胸の中央からわきに向かって手のひら全体でさする。

1

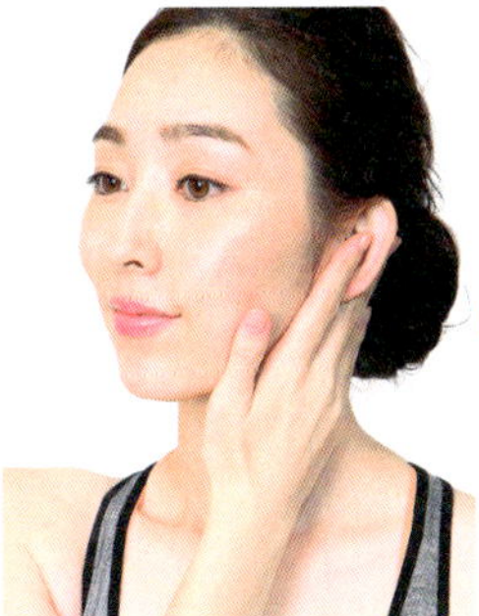

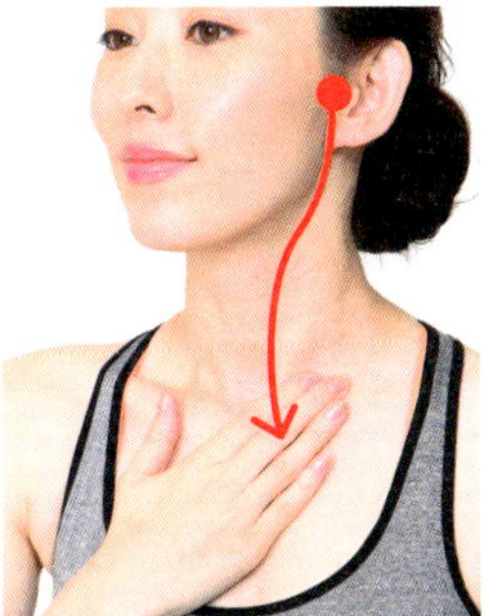

2

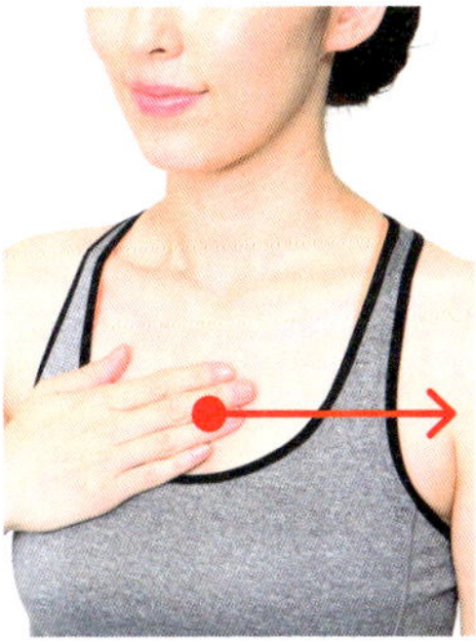

バストアップ

**胸の老廃物をわきの下のリンパ節に流し
ツンと上向きのバストに**

|深|部|を|刺|激|

乳腺の老廃物が流れ込むわきの下の深部リンパ節を開放し、大胸筋を動かして胸のリンパ液の流れを促します。老廃物が溜まり下がっていたバストが上向きに。

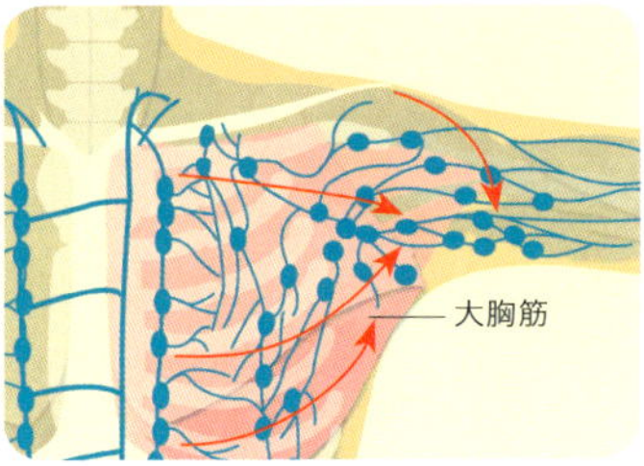

刺激する筋肉・リンパの場所

最初にわきの下のリンパ節開放(P46－47の1～4)をしておくと、さらに効果UP ！

1 胸の骨を押しながら、肩甲骨を寄せる

左右：各5回

４本の指で鎖骨下にある胸骨のキワを押したら反対の腕を肩の高さまで上げ、ひじをうしろに引いて胸を張る。みぞおち上まで４カ所に圧をかける。

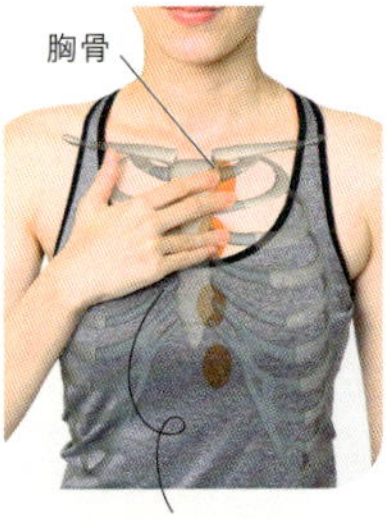

1カ所目は手のひらを少し寝かせると押しやすい

2～４カ所は指を立てて垂直に押す

2 わき腹、わきに老廃物を流す

左右 各3回

鎖骨下に手を置き、わきまでさする。次に、みぞおちからわき腹、わき腹からわきのくぼみへさする。

1

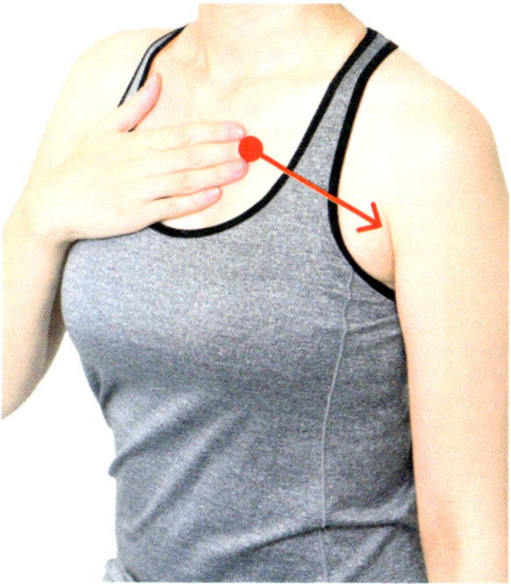

2

3

COLUMN

キレイになる秘訣は女性ホルモンを活性化させること

私たちの心と体は、季節や気温の変化、人間関係のストレス、生理による体の変化など、さまざまな影響を受けています。こうした状況から心と体の健康を守り、維持してくれるのがホルモンです。

ホルモンをコントロールしている下垂体という部分が刺激されると、ホルモンは血液に放たれ全身の細胞を巡ります。深部リンパ節開放を行うと、血流もよくなるため、ホルモンの働きも活性化するのです。

とくに、活性化の恩恵を受けるのが成長ホルモンと女性ホルモンであるエストロゲンです。

成長ホルモンはたんぱく質の合成を促す作用があります。そのため、傷んだ肌や髪を修復したり、美肌、美髪へと導いてくれたりします。

エストロゲンは、排卵にかかわるホルモンで、卵胞を成熟させ、同時に肌のツヤをよくし、胸の発達を促すなど、女性らしい美しさをつくってくれます。また、副交感神経を優位にして身心をリラックスさせ、幸福感をもたらします。

深部リンパ節開放によってこれらのホルモンの働きを活性化させることが、キレイへの近道になるのです。

PART 5

今すぐどうにかしたい！
というとき使える

応急処置の深部リンパ節開放

食べ過ぎた……　目元にくまが……　首コリがツラい……　肩が重い……
今すぐどうにか改善したい！
そんなときにも使えるのが深部リンパ節開放。
すぐに対処して、脂肪や老廃物が溜まりにくい健康的な体を目指しましょう。

おなかの 深部リンパ節開放で応急処置

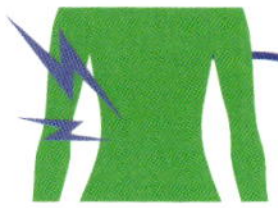

ダイエット中なのに食べ過ぎた……

その日のうちに脂肪の代謝を促す！

摂り過ぎた脂肪分はおなかまわりに溜まります。おなかを刺激して深部リンパ節を開放すると、リンパ液とともに余分な脂肪分を流すことができます。また、脂肪代謝も上がり、脂肪の蓄積を防ぐことができます。ただし、食後すぐは行わないこと。

HELP!

1 みぞおちに指を置いて、前かがみに

両手 3秒

両手の指の背を合わせるようにして、みぞおち部分に入れ、3秒かけてゆっくり体を約30度倒す。

最初に横隔膜のリンパ節開放（P48-49の1〜4）とおなかのリンパ節開放（P50-51の1〜4）をしておくと、さらに効果UP!

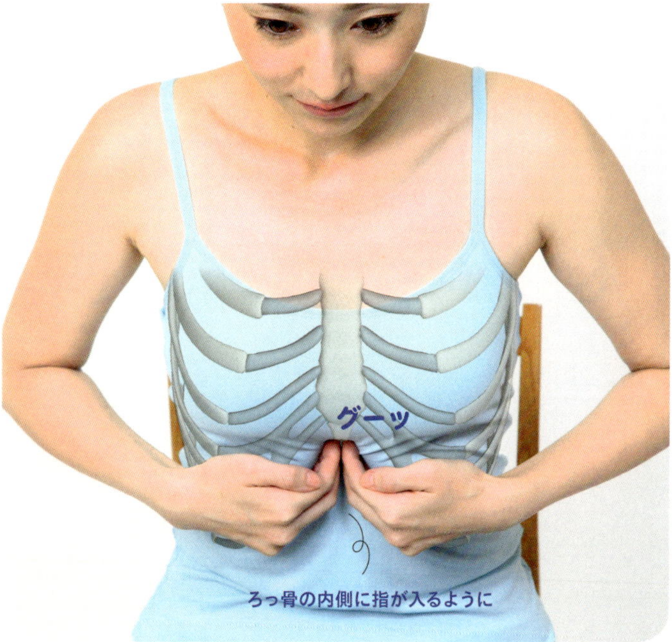
グーッ
ろっ骨の内側に指が入るように

2 みぞおちとへその間に指を置いて、前かがみに

両手 3秒

両手の指の背を合わせるようにして、みぞおちとへその間に入れ、3秒かけてゆっくり体を約30度倒す。

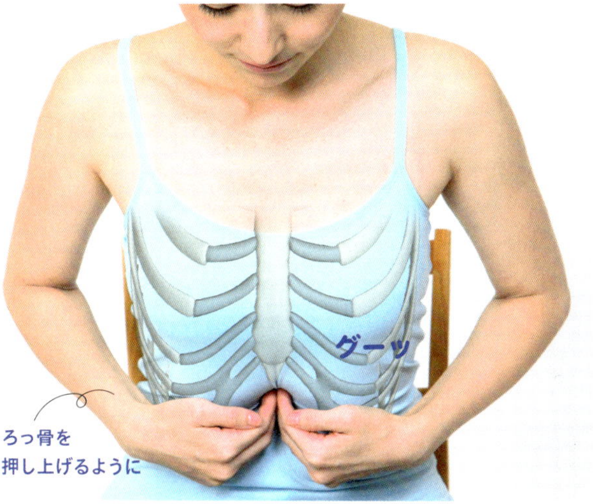
グーッ
ろっ骨を
押し上げるように

3 わき腹とわきに老廃物を流す

みぞおちからわき腹へ、わき腹からわきのくぼみへ手のひら全体でさする。ゆっくりていねいに行う。食事の直後はこれだけでもOK。

1

両手 5回

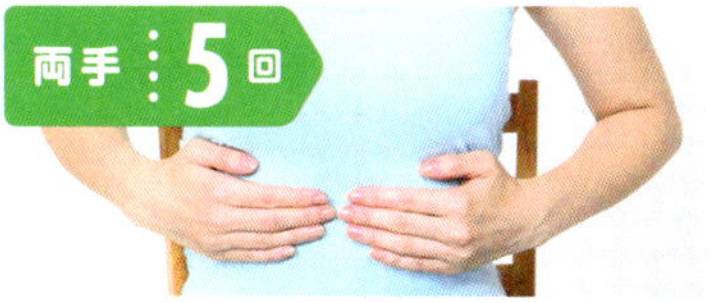

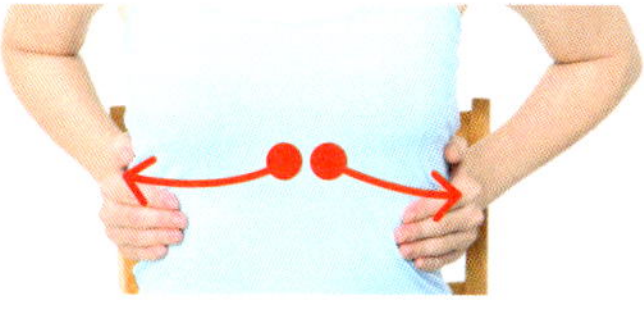

2

左右 各5回

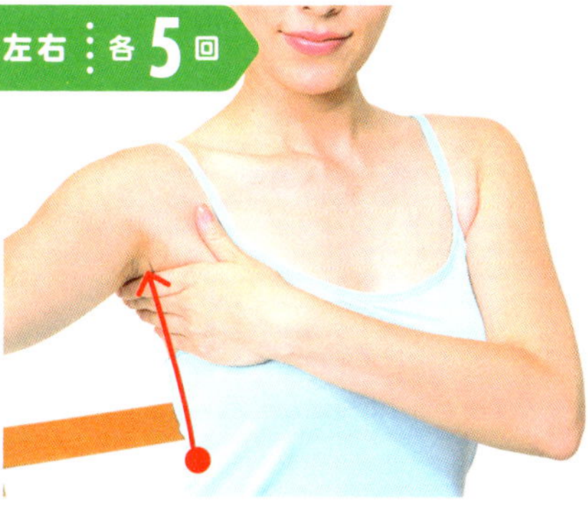

目元の 深部リンパ節開放で応急処置

寝不足ぎみ……目元にくまが！

溜まった水分を流して目元にハリを！

寝不足で目の下にくまができてしまったり、目元がむくんでしまったりすることがあるでしょう。そんなときは手をあてて目の筋肉を刺激し、目元に溜まった水分や老廃物を流していきます。目元にハリが生まれ、スッキリした1日がスタートできます。

HELP!

1 「アー」と言いながら、耳たぶを引っぱる

両耳をつかみ、口を大きく開けて声を出しながら、上・横・下にゆっくり引っぱる。

両手 各3秒

痛くない程度に
引っぱる
声を出して
目元のリンパ液が
流れ込む耳前の
深部リンパ節を刺激する

2 手でまぶたを温めて耳へ流す

両手 3回

4本の指をまぶたの上に約10秒間置き、じんわりと目元が温まったら、5秒かけて耳の前へとゆっくり滑らせる。

目のくぼみを
軽く押すように
軽く圧をかけながら
水分を押し流す
グイーッ

3 鎖骨に老廃物を流す

両手 5回

中指と人差し指で耳を挟み、耳から鎖骨に向かってさする。

1

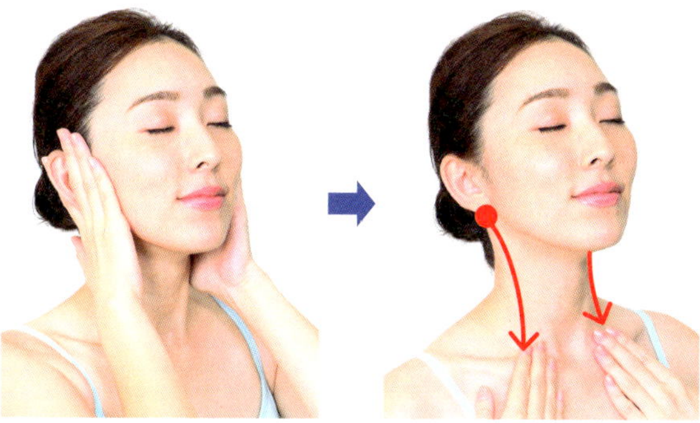

首の 深部リンパ節開放で応急処置

スマホの見過ぎで首がガチガチ……

リンパ液を流して血行をよくする！

首は重い頭を支えているため筋肉疲労を起こして血行が悪くなりやすい箇所です。固まった首の筋肉を刺激し、深部リンパ節を開放。首元に溜まった老廃物を流すことで血行もよくなり、首コリが解消するだけでなく思考もクリアに。

HELP!

1 首のうしろをつかみ、頭を45度傾ける

４本の指で首の骨をうしろからつかみ、
つかんでいる手の方向に腕を引く。次に、引いている手と
逆の方向に頭を倒し、首に圧をかける。首の付け根も同様に行う。

左右：各3秒

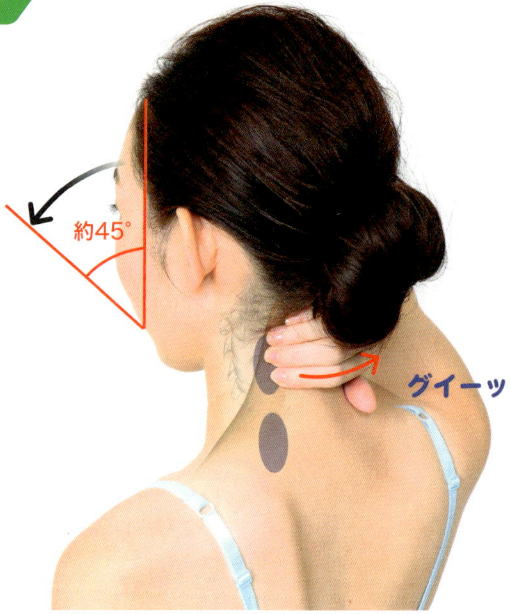

2 鎖骨に老廃物を流す

左右：各5回

左側の首のうしろは右手、右側の首のうしろは左手でつかむようにし、首筋から鎖骨までさする。

1

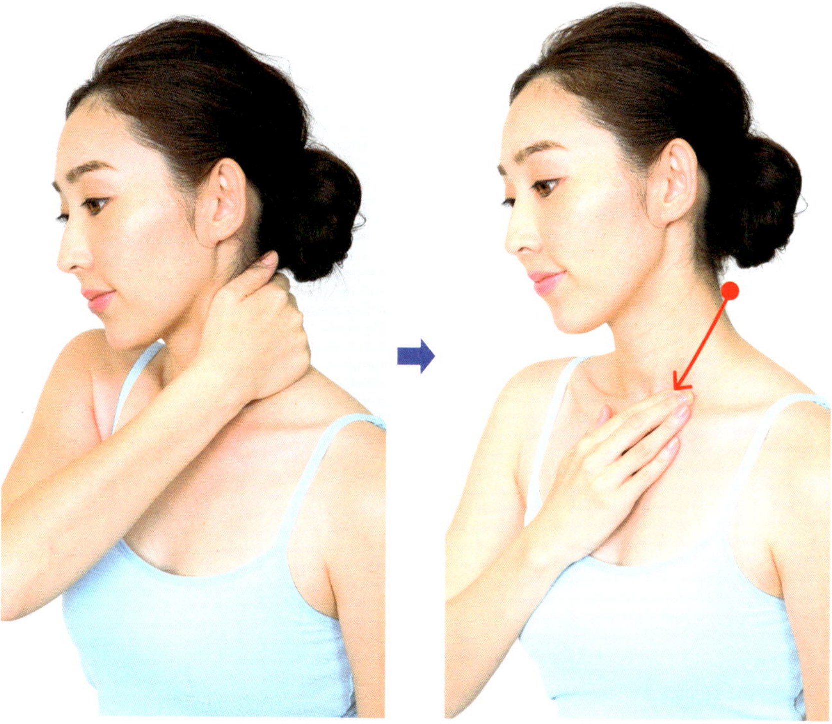

こんなときにもおすすめ！

首コリがひどいときだけでなく、考えごとが続いたとき、眠りが浅いとき、目が疲れたときにも効果があります。

肩の 深部リンパ節開放で応急処置

デスクワークで肩が重い……

コリ固まった老廃物を押し流す！

肩の筋肉が硬直することで起こる肩コリ。血行が悪くなり、老廃物が溜まって鉄板のようになった筋肉を刺激し、深部リンパ節を開放。コリ固まった老廃物を流してしまいましょう。肩にのしかかるような重みがほぐれ、痛みも消えます。

HELP!

1 肩の骨のキワを垂直に押し、ひじを回す

左右：各3回

4本の指で肩の骨のキワを垂直に押し、
ひじを肩から大きく内回しし、次に外回しする。

最初にわきの下のリンパ節開放（P46－47の1～4）をしておくとさらに効果UP！

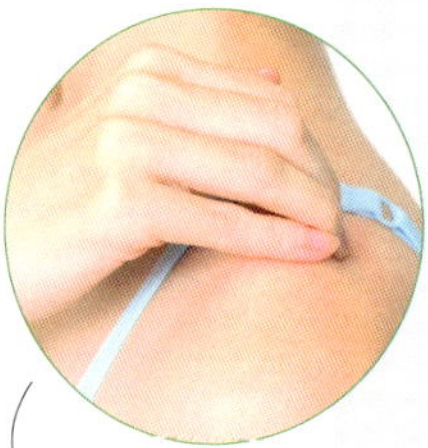
肩の骨のキワを
指の腹で押し込む
ように押す

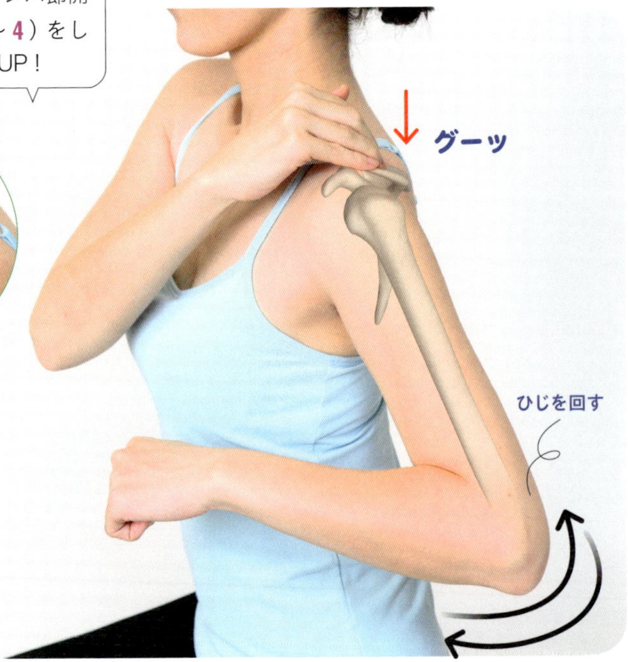
グーッ
ひじを回す

2 肩の骨のキワを手前に押し、腕を回す

左右：各3回

鎖骨側に指を向けて押し、1と同様に腕を内回し、次に外回し。

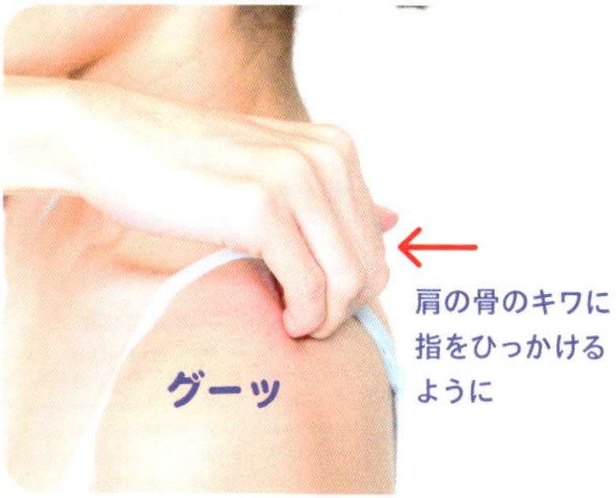
グーッ
肩の骨のキワに
指をひっかける
ように

3 肩の骨のキワを背中側に押し、腕を回す

左右：各3回

背中側に指を向けて押し、1と同様に腕を内回し、次に外回し。

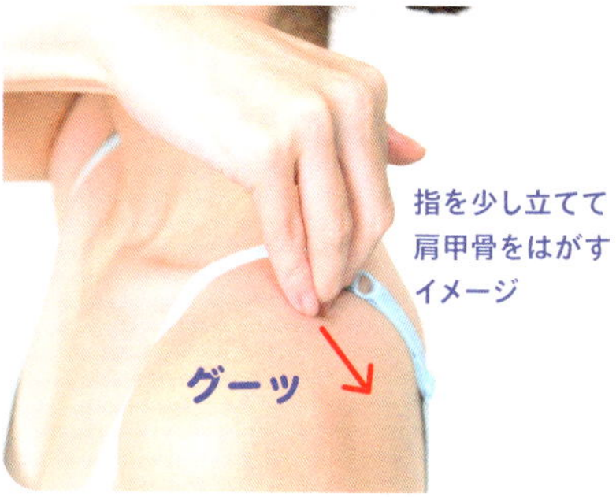
グーッ
指を少し立てて
肩甲骨をはがす
イメージ

4 鎖骨に老廃物を流す

左右：各5回

手を肩甲骨の上側にのせ、鎖骨に向かって手のひら全体でさする。

1

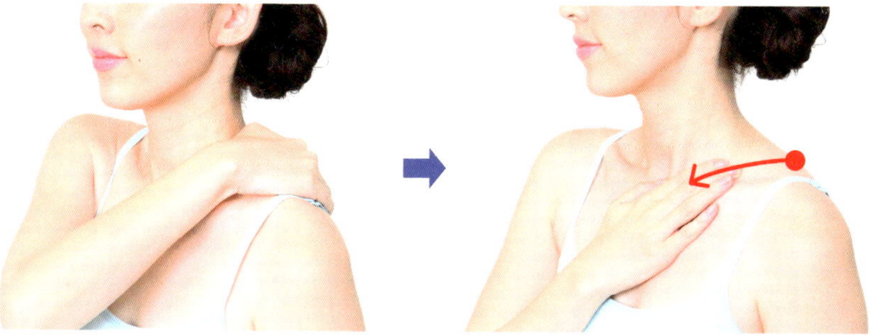

COLUMN

補正下着を使うなら深部リンパ節開放の後に

体型を上手に整えてくれたり、脚のむくみを解消してくれたりする補正下着や着圧タイツは、女性にとって心強い味方です。

毎日ずっとつけている人もいますが、補正下着をつけるなら、深部リンパ節開放を行った後にするとより効果が得られます。

補正下着や着圧タイツをつけている間は常に筋肉が圧迫された状態です。深部リンパ節開放の手順を考えると、血管も圧迫されて一時的に血流が促進され、リンパ液も老廃物も流れているかのように思えるでしょう。しかし、実際は体外に老廃物が排泄されず、リンパ節で滞ってしまっている状態です。圧迫が続けば、血流が停滞して、かえってむくんでしまうのです。

高速道路に例えてお話しします。補正下着や着圧タイツの圧迫は道路（血管）が細くなって、車（リンパ液）が増えている状態です。これでは料金所（リンパ節）で渋滞が起こり、やがて交通マヒとなります。これを解決するには、料金所のゲートをより多く開放すること。これが深部リンパ節開放です。開放することで、車の流れはよくなる、つまりリンパ液の流れがよくなり、スムーズに車が流れます。

補正下着や着圧タイツをつける前に深部リンパ節開放をしておきましょう。そして脱いだ後は手足を伸ばすなど体を開放すること。そうすることで、正しく効果が得られるはずです。

PART 6

深部リンパ節開放の効果がアップする！

ツマらない生活習慣

せっかく深部リンパ節開放をするのであれば、
その効果をより大きなものにしたいし、持続させたいもの。
普段からツマらない方法を取り入れていきましょう。
今のあなたの生活をちょこっと変えて、
朝から晩まで簡単に習慣化できる方法を紹介します。

深部リンパ開放マッサージの効果を上げる自律神経のコントロール法

深部リンパ節開放の効果を高めるためには、深部に刺激をする前に、肌のすぐ下にある浅部リンパをスムーズに流せる生活を送っておくことです。そのために大切なのが、浅部リンパと関わりのある自律神経のコントロールです。

自律神経には、交感神経と副交感神経の二つがあり、人間の意思とは無関係に体の器官をコントロールしています。

目が覚めているときや仕事をしているとき、運動などをしているときが交感神経優位の状態です。主に昼間の状態であり、血管を収縮させて心拍数を上げたり、汗を出したりします。一方で、寝ているときや食事をするとき、のんびり休んでいるときが副交感神経優位の状態です。血管を拡張させて心拍数が減ったり、だ液の量が増えたりします。

交感神経が優位になって、末梢の血管が収縮すると浅部のリンパ管に流れるリンパ液を抑制。副交感神経が優位になって、血管が拡張すると、リンパ液の流れも活性します。交感神経と副交感神経、それぞれが優位になる状態を繰り返すことが、スムーズなリンパの流れにつながります。

ですから、ツマリのない体をつくっていくためには、自律神経を整えることが大切になるのです。次のページから、毎日の生活に取り入れやすく習慣化しやすい方法を紹介していきます。

交感神経と副交感神経

交感神経と副交感神経、それぞれが優位になると、
次のようなことが体に表れます。

交感神経　　**副交感神経**

瞳孔が開く
心拍数が増える
だ液が減る
血管が収縮する
汗が出る
だ液が増える
瞳孔が閉じる
心拍数が減る
血管が拡張する

起床

起きたら朝日を浴びてAYT体操を

老廃物がツマらない習慣

- 朝起きたら、まずは朝日を浴びて深呼吸
- 肩甲骨を動かす「AYT 体操」で背中の緊張を取る
- 夜更かし NG。睡眠時間をしっかり取る

朝は交感神経が優位になって活動モード、夕方には副交感神経が優位になってリラックスモードになります。しかし、夜更かしやストレスで、そのリズムが崩れてしまうことも。

そうならないために、睡眠をしっかり取り、朝起きたらしっかり朝日を浴びて深呼吸をします。朝日を浴びると14～16時間後に眠りを促す「メラトニン」が分泌され、夜、スムーズに睡眠に入りやすくなります。

深呼吸をしたら、肩甲骨を動かす「AYT体操」をしましょう。背中には自律神経の通り道があるので、肩甲骨を動かすことで自律神経が活性化されて体が目覚め、肩こりも改善します。日中は交感神経を優位にして、活動的に過ごしましょう。

自律神経を整えるAYT体操

できれば、朝・昼・夜と1日3回行いましょう。
AYTを1回として、10セット行います。
家事やデスクワークなど、同じ姿勢が続いたときに取り入れてもOKです。

A

軽く脚を開いて
手のひらを頭上で合わせて「A」

Y

両手を
斜め上に広げて「Y」

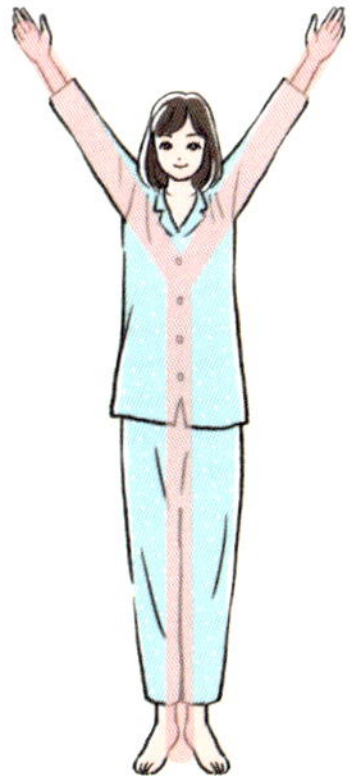

T

両手を肩の高さまで
下ろして「T」

朝

朝は冷たい水と温かい飲み物で胃腸の働きを活性化

朝は起きるのがツライ、時間がなくて朝食を摂る時間がない、という人でも、ぜひ実践してほしいことがあります。ひとつは、起きてすぐに冷たい水を飲むこと。胃と腸が刺激され、体に排便の意識が起こります。次に、温かいものを胃に入れましょう。スープやみそ汁、コーヒーなど、何でも構いません。温かいものを摂ることで胃腸の動きが活性化し、リンパも流れやすくなります。おなかがあまり空いていなかったり忙しいときでもこの習慣をつけましょう。胃への刺激は大腸や脳にも連動して、スムーズな排便にもつながります。老廃物を排出することはツマらない体をつくるうえで大切なことです。また、体温が上昇して毛細血管が拡張し、リンパの流れもよくなります。

老廃物がツマらない習慣

- 起きたらすぐに冷たい水を飲む
- みそ汁、スープなどの飲み物を 1 品取り入れる
- 朝トイレに行き、排便習慣をつける

リンパを活性化させる朝習慣

朝は老廃物を排出し、健康的な1日をスタートさせましょう。

❶ 朝起きてすぐに冷たい水を飲む

冷たい水が胃と腸を刺激。
起きたばかりの体に排便の意識が起こる

❷ スープやみそ汁、コーヒー・紅茶・ミルクなどの温かい飲み物を摂る

温かいものを摂ると胃腸の動きが活性化し、
リンパが流れやすくなる。スムーズな排便にもつながる

仕事&家事

マメに体を動かして常に血の巡りをよくしておく

長時間のデスクワークや普段の姿勢の悪さ、運動不足やストレスによって、リンパの流れが悪くなります。ツマらない生活のためには、次のようなことを意識しましょう。

仕事中も、小まめに体を動かす習慣をつけます。ずっと座りっぱなしの仕事でも、2時間に1回はトイレに行きましょう。水分不足ではリンパは流れにくいので、1日2ℓくらい水を飲んで老廃物を流します。

また、脚を冷やすと血流が滞り、リンパの流れも悪くなります。レッグウォーマーなどで温めたり、1時間に1回、脚の付け根のリンパ節を刺激するのもよいでしょう。

家事も次のようなことを意識し、リンパの滞りを防ぎます。

老廃物がツマらない習慣

- 座りっぱなしはNG。2時間に1回はトイレに
- 脚を冷やさないようにレッグウォーマー&足首の運動を
- 家事をリンパケアに活用

仕事＆家事中に取り入れたい

仕事中のほか、食器洗いや洗濯干しなどの家事を行うときも、
老廃物がツマらない方法があります。

グー
パー

1時間に1回、脚の付け根のリンパ節を刺激。足指のグーパー運動や手首の運動などを取り入れる。

手の届くところに水(500ml)を置いておき、小まめに水分を取り、1日3～4本飲み切るように。2時間に1回はトイレに行く。

脚を冷やさないように、レッグウォーマーをつけるか靴下を履く。

掃除機・洗濯干し

伸びをする、手足を伸ばして行うなど、姿勢を変える。AYT体操をやっても。同じ姿勢で家事をしない。

音楽を流して
リズムにのり、体を
揺らしながらも♪

食器洗い

脚の上下運動をしながら。同じ姿勢が続かないように、洗い物はこまめに短時間で行う。お湯で食器を洗い、手首を温める。冷たい水で長時間家事をしない。

入浴
&
睡眠

入浴で体を温め
マッサージや睡眠の効率アップ

湯船に浸かると、気持ちがリラックスして、副交感神経が優位になります。手足の末梢にある毛細血管も拡張するので、指先までしっかり温まります。

また、体が温まると、筋肉がやわらかくなってマッサージがしやすく、効果が高まります。リラックスした状態で深部リンパ開放マッサージを行うのもよいでしょう。さらにリラックスした状態は、よい入眠環境をつくることにもつながります。深い睡眠は副交感神経が優位になります。夏はシャワーだけ、という人もぜひ入浴習慣をつけてください。

次の手順は私のおすすめの入浴方法ですので、取り入れてみてください。

老廃物がツマらない習慣

- 夏でも湯船に浸かって体を温める
- 血流がよくなる入浴法を実践
- 入眠前にリラックスした状態をつくる

夜久流！　血流アップ入浴方法

これは私が行っている入浴方法です。
毎日でなくてもよいので、取り入れてみてください。

❶ 少しぬるめのお湯(41℃くらい)に肩まで浸かり、80～100まで数える。

↓

❷ 肩から胸までを湯船から出して(心臓より下は浸かって)、30まで数えながら左右の肩に交互にお湯をかける。

↓

❶❷を3回繰り返す。❷のときに体が寒いと感じなくなればOK

↓

❸ 湯船から出て、膝から下に水をかけて終了。終わったら必ず水を飲んで。全身の血流が増します♪

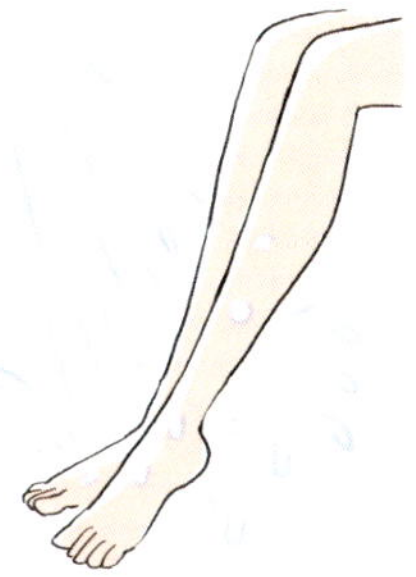

これだけは注意！

熱いお湯に入り続けたり、つらいと感じるのに繰り返したりすると、心臓に負担がかかります。無理はしないようにしましょう。

おわりに

最後までお読みいただき、ありがとうございました。

同じ姿勢でいたり、パソコンやスマホで目や腕へ負担をかけたり、運動不足の生活を送ったりしていると、体には老廃物がどんどん蓄積していきます。

そんな生活に「深部リンパ開放マッサージ」をご活用いただければと思います。

従来のリンパマッサージは、浅部にあるリンパを刺激する優しいマッサージでしたが、本書では筋肉を圧迫し動かして、深部にあるリンパ管を刺激するマッサージです。

体の深部にいくほど、リンパの流れが速く排泄能力も高いことから、**従来のリンパマッサージの10倍以上の効果があります。**つまり、たった3分の深部リンパ節開放で、浅部のリンパマッサージ30分と同じくらいの老廃物を排泄する効果が期待できるのです。

多くのお客様を施術していると、体に触れるだけで、心の状態までわかるようになります。それは、心と体が繋がっているから。冷えのある人は、どうしても気持ちが沈みがちになりますし、お肌もくすんできます。むくみのある人は、自分を過小評価してしまう傾向があります。

でも、私は多くのお客様の変化から確信しています。

気持ちは、身体をメンテナンスすることで変えられます！

今、何となく沈みがちな毎日を送っていらっしゃる人。大丈夫です！

「身体の奥のリンパが滞っているだけ！　深部からリンパを流して！」

「身体の深部から老廃物を排泄すれば、気持ちが前向きになって、笑顔があふれ、あなたの魅力が湧き出します!!　そして、毎日が幸せに変わりますよ！」

私は、深部リンパ開放マッサージを続けることで、体だけでなく心まで前向きに変化していくお客様をたくさん見てきました。深部リンパ開放マッサージは短時間で老廃物を排泄でき、すぐに体の軽さを実感できます。体が軽くなると、心まで軽くなり、新しいことに挑戦したくなります。

さぁ、体の老廃物を取り去り、**身も心も軽くなって、新しいことに挑戦するワクワク感を手に入れてください。**

最後に、この本に興味をもって手に取ってくださった皆様、長い間応援してくださっているお客様、制作スタッフの皆様、いつも信じて応援してくれるサロンスタッフや友人、最愛の夫に愛と感謝を送ります。

夜久ルミ子

著　者

夜久ルミ子

（やく・るみこ）

薬科大を卒業後、薬剤師として医療センターの薬局に勤務。しかし、西洋医学の対症療法に疑問を抱き、ホリスティック医学に興味を持って東洋医学を学ぶ。鍼灸・マッサージ師の資格を取得し、「薬もわかる東洋治療家」として開業。多くの患者さんから支持を得るも、患者さんにストレスが多く、心身両面のケアの重要性を痛感する。
ストレスケアのための「脳科学」「心理学」を学び、癒しと美の技術として、エステ、アロマセラピーを習得。ビューティー総合資格保持者となる。西洋医学、東洋医学、アロマ、エステなどの知識と技術を総合的に組み合わせ、心身両面のストレスケアと外見の美を実現させるデトックスメソッド「深部リンパ節開放®」と「WATCHセラピー®」を開発。
現在、「日本唯一のビューティースペシャリスト」として、「RUBYZ」（サロン、スクール。千葉県柏市と東京表参道の2校）にて、施術と指導を行う。また、日本全国のサロンにて、講習や講演も行う。

主な保持資格：薬剤師、臨床検査技師、はり師・きゅう師・あん摩マッサージ指圧師、CIDESCO国際エステティシャン、一般社団法人日本エステティック協会認定TEA、一般社団法人日本エステティック協会認定指導講師、同協会ソシオエステティシャン、エステティック業協会認定講師、AEAJ認定アロマインストラクター・アロマセラピスト、WATCHスペシャリスト、深部リンパスペシャリスト、等。
YouTube: https://www.youtube.com/channel/UCcfXVL2rouH680kdDRjTb9w
セラピューティスト・アカデミー

RUBYZ　～アロマとエステの資格が同時に取れる～
（本校）〒277-0014　千葉県柏市東2-3-9
TEL:04-7167-0302　FAX:04-7166-6362
E-mail:kirei@rubyz.jp　HP:http://rubyz.jp/

スタッフ

モデル	殿柿佳奈（SPACE CRAFT）
撮影	織田紘
ヘア＆メイク	橋本ワコ
デザイン	中村理恵　山岸蒔（スタジオダンク）
イラストレーション	コタケマイ（asterisk_agency）、ミヤモトヨシコ、ラウンドフラット
執筆協力	峯澤美絵
編集協力	有限会社ヴュー企画
資料提供	Getty Images

やせスイッチを押《お》せば驚《おどろ》くほど細《ほそ》くなる
深部《しんぶ》リンパ開放《かいほう》マッサージ

2019年 6 月 5 日発行　第 1 版
2022年 2 月25日発行　第 1 版　第 9 刷

著　者　夜久ルミ子
発行者　若松和紀
発行所　株式会社 西東社
〒113-0034　東京都文京区湯島2-3-13
https://www.seitosha.co.jp/
電話　03-5800-3120（代）
※本書に記載のない内容のご質問や著者等の連絡先につきましては、お答えできかねます。

ISBN 978-4-7916-2825-4